El Apocalipsis Sucedió

Cómo Misterio, Babilonia destruyó Jerusalén y reptó hacia nuestras iglesias, gobiernos, ciencia y vidas para engañarnos a todos nosotros.

Don Nordstrom

Nota del Autor

"Y en su frente un nombre escrito, MISTERIO, BABILONIA LA GRANDE, LA MADRE DE LAS FORNICACIONES Y DE LAS ABOMINACIONES DE LA TIERRA".

– Apocalipsis 17:5

Este versículo es del de Apocalipsis de la Biblia. La mayoría de los maestros bíblicos no entienden el impacto que este versículo tiene en nuestro mundo y en nuestras vidas. Sólo unas pocas personas entienden que este libro es una de las obras escritas más importantes de las Escrituras.

Se cree el Apóstol Juan (un testigo personal de Jesús), escribió el libro mientras estaba que en la Isla de Patmos en el mar Egeo. Los historiadores dicen los romanos trataron silenciarlo con el desterrarlo a Patmos. Antes de su aislamiento, lo más probable es que enseñó acerca de Jesús el resucitado en Asia Menor (actualmente Turquía).

Fue en Patmos donde recibió una profecía predecir en el Antiguo Testamento y por Jesús, la cual pronto se vino sobre el pueblo Judío. A pesar de lo que los maestros bíblicos nos han dicho, Apocalipsis y Misterio Babilonia son comprensibles una vez que conocemos el simbolismo y la historia. Gran parte de Apocalipsis es el cumplimiento la profecía la Antiguo Testamento en simbolismo y muestra lo siguiente:

3

- una advertencia a siete iglesias sobre las prácticas místicas de Misterio Babilonia,

- juicio sobre el judío sistema templo y los falsos judíos por traer este sistema de creencias controladas por el demonio,

- el fin de la era del Antiguo Testamento, y el (eterno) Nuevo Testamento puesto en acción.

El tema principal de Apocalipsis nos muestra un tribunal espiritual en sesión donde un juez pasa juicio sobre Israel-Judea y la eternidad. Durante siglos, Dios advirtió a su pueblo, los judíos, no para persegui a dioses o diosas extraños, o creencias falsas.

Los líderes del templo habían traído Misterio Babilonia culto en su templo, y Dios, permitió que el destructor a los llevara a ellos destrucción en el 70 d.C. Apocalipsis contrasta la historia del Antiguo Testamento con el reino restablecida de Dios soltada en la verdadera iglesia bautizada por el Espíritu, a la que llama su desposada.

Misterio Babilonia no es la ciudad de Babilonia, sino un sistema de creencias poderoso, engañoso y *controlador* que comenzó hace miles de años. Lo que este libro muestra es cómo este antiguo poder todavía engaña a las religiones organizadas, influye en nuestras vidas y nos impide conocer el plan original de Dios: Su reino espiritual bautizado en nosotros.

Dedicación

A todas las personas engañadas en el mundo...

"Y el gran dragón fue expulsado, esa vieja serpiente, llamada el Diablo, y Satanás, <u>que engaña al mundo entero:</u> fue echado en la tierra, y sus ángeles fueron expulsados con él." (subrayado añadido)

– Apocalipsis 12:9

Introducción

"Hay tres cosas que he aprendido a nunca discutir con la gente: la religión, la política y la Gran Calabaza".

– Charlie Brown

Con el debido respeto a Charlie Brown, debemos considerar a la religión, la política y otros sujetos relacionados con los poderes que nos engañan, incluso metafóricamente, la Gran Calabaza.

Estos engaños entraron primero en nuestras jóvenes vidas gracias a las tradiciones de nuestros padres y de los demás. Durante nuestra infancia, creímos en personajes como el Hada de los Dientes, el Conejo de Pascua, Santa Claus, y en el caso de Charlie, la Gran Calabaza.

A medida que hizo mayor, descubrimos, para nuestra consternación, que esas historias eran mentiras. La mayoría de nosotros también escuchó algo similar a la Gran Calabaza—un ser que creemos que existe pero no podemos probarlo, y medida lo llamaremos *el dios de nuestra religión*.

Engaños, en un primer, parecen inocentes, y así los aceptamos. Sin embargo, esto nos dejo para determinar si el dios de nuestra religión era parte del engaño.

A lo largo de la historia, las personas han creado muchos dioses y diosas, ídolos o creencias que controlaban sus vidas y explicaban su entorno. Pero también hay grupos que no creen en dioses o religiones.

Otros afirman que han conocido a un Dios amoroso (*no creado*) llamado Jesús. Él enseñó que Él provenía de un Espíritu tipo padre en un mundo de espíritus donde no hay tiempo (eternidad) tal como lo percibimos. ¿Cómo puede ser esto? ¿Es posible probarnos a nosotros mismos, y a los demás, que un reino espiritual (es decir, el cielo o un universo diferente) y un Dios amoroso existen fuera de nuestro mundo de religiones supersticiosas?

La ironía es que las religiones han hecho que muchas personas se conviertan en no creyentes, y los no creyentes afirman que los que *sí* creen en Dios son, bueno, idiotas alegres.

Teniendo en cuenta el punto, ¿hacer nosotros querer, residuos nuestras vidas inclinándonos hacia arriba y hacia abajo, rezando las mismas oraciones o frotando ansiosamente rebordea? ¿Deberíamos entregar nuestro dinero duramente ganado a un vendedor de televisión religioso? ¿Es una reunión de campamento el lugar al que necesitamos enviar el pago por una bendición del doble o cien veces la donación? ¿No ha demostrado la ciencia que nuestro universo vino de una gran explosión (el Big Bang) y evolucionó a lo largo de billiones de años? ¿No los vinieron los organismos humanos de una piscina de baba mineral?

La respuesta a estas preguntas es no. Son engaños para negar la certeza de Dios y su propósito para nosotros.

La mayoría de los niños han escuchado una historia donde existe un reino, con un príncipe y una princesa y un rey benevolente que gobierna su reino. El mal, como un caballero oscuro o un dragón, entró en este mundo, poner a la princesa bajo un hechizo, y el príncipe la rescató. Fue el juicio de salvación del rey (salvar a la princesa) el que venció al mal, y su pueblo vivió feliz para siempre.

En lo profundo de nuestro espíritu, parecía una vida de realismo sobre este mundo. Los chicos imaginaban su reinado principesco y construían fuertes, blandian espadas y luchaban contra su enemigo. Necesitaban rescatar a una damisela en apuros. Las chicas soñaban con ser una princesa y tenían fiestas de té con muñecas, que estaban allí para consolarla con apoyo emocional y servir a sus necesidades de princesa mientras soñaba con su futuro príncipe.

Entonces, en algún momento, todo explotó. Alguien nos mintió e insinuó que no éramos dignos de ser un príncipe o una princesa. Les creímos; nuestra subconsciente memoria todavía guarda la tragedia de ese día cuando intercambiamos un reino de realismo para convertirnos en la damisela en apuros que necesita el rescate.

¿No se detiene el mundo cuando se produce una boda real y prestamos toda nuestra atención a la ceremonia del matrimonio? Algo dentro de nosotros todavía despierta este interés.

Tenemos que averiguar si hay un reino con un rey amoroso donde podamos vivir felices para siempre, o de lo contrario desechar esto también como una mentira.

Por lo tanto, una tarea aquí es demostrar que no sólo existen el rey y el reino, sino también cómo podemos descubrirlo por nosotros mismos sin ninguna duda persistente. Curiosamente, hay un libro que nos cuenta todo sobre esto: la Biblia.

Descubriremos cómo podemos tener una relación personal y dinámica con un rey llamado Jesús. Las religiones del mundo no nos han dicho que esto está ampliamente disponible sin vivir bajo sus reglas y doctrinas controladoras. En su lugar, reclutan miembros para servir a sus falsas doctrinas y reglas a través del abuso religioso y espiritual. Esta es la razón principal por la que hay no creyentes hoy en día.

Una vez que sabemos cómo las religiones falsas distorsionan las verdades sobre Dios y su palabra, nos convencemos de que la Biblia no es un libro de fábulas. Podemos descubrir:

- cómo las religiones organizadas promueven los engaños de Babilonia Misterio,

- lo que la Biblia nos está diciendo,

- quien inició el engaño,

- las formas en que nos hemos engañado en iglesias religiosas, negocios, política, ciencia, entretenimiento, medios de comunicación y similares,

-cómo nosotros podemos entender completamente el libro de Apocalipsis.

¿Hay una religión verdadera?

¿Hay una religión verdadera? La respuesta corta es no. Se encuentran volúmenes de textos sobre las religiones a lo largo de la historia y el mundo. No investigaremos a cada uno porque descubriremos que empezaron desde una sola creencia. Cada creada secta proporcionó un estilo de vida según cualquier dios que *la religión* apaciguó.

La mayoría de la gente no sabe que hay un cristianismo religioso falso y un cristianismo no religioso verdadero. Gran parte de la religión organizada sigue un cristianismo falso bajo sus términos y no lo que la Biblia enseña, que explicaremos más adelante.

Jesús no comenzó una religión, sino una *relación de pacto*. Dio a entender el antiguo pacto o las Escrituras del Antiguo Testamento (AT) escritas a lo largo de los siglos por escribas judíos, revelaron quién era Él. Jesús comenzó enseñando del libro de Isaías:

El Espíritu del Señor está sobre mí, porque cuanto me ha ungido para predicarel evangelio a los pobres; me ha enviado a sanar a los quebrantados de corazón, a anunciar liberación a los cautivos y recuperar la vista de los ciegos, a poner en libertad a los oprimidos; A predicar el año aceptable del Señor. . . Y comenzó a decirles: Hoy se ha cumplido esta Escritura en vuestros oídos.

— Lucas 4:18, 19, 21

¿A quién Jesús le enseñaba esto en las sinagogas? Los pobres (siempre en deuda con el templo, nunca aprendieron el Evangelio [la verdad]); a los de corazón roto (nunca conocieron al Dios amoroso); los cautivos, o judíos (sus mentes controladas por falsos líderes religiosos); y a los ciegos y los magullados, porque los dioses falsos más grandes de la época los tenían atados y abusados (oprimido).

Él también nos lo estaba enseñando porque las religiones falsas han atado a la mayor parte de nosotros hoy en día a la tradición, impidiendo al mundo saber libertad desde los controladores dioses (profesores religiosos). Y entre otros motivos, ¡Él vino para ponernos en libertad de religiones!

Los rabinos de los templos (supuestos élite maestros judíos de las Escrituras) habían memorizado las Escrituras de la Torá o la Ley, pero no entendían el resto del antiguo pacto, o de lo contrario, habrían conocido a su Salvador: Jesús. Los líderes fueron engañados a través de cientos de sus leyes orales inventadas (Talmud) y creencias paganas, que trajeron al templo (Mateo 23).

Muchos maestros religiosos hoy en día saben pero no entienden lo que dicen las Escrituras, ya que han permitido que las creencias y tradiciones místicas paganas entren en sus religiones.

Los líderes de los templos habían aprendido de las doctrinas distorsionadas cómo controlar y vellón de sus seguidores. Pusieron obstáculos entre Dios y los judíos, cual otras religiones organizadas todavía le ponen más importancia a salvar sus doctrinas que a revelar el reino de Dios a través de Jesús.

Sin embargo, la mayoría de las religiones nos dicen que creamos en Jesús, porque el Nuevo Testamento (NT) dice:

Que si confesares con tu boca que Jesús es el Señor, y creyeres en tu corazón que Dios le levantó de los muertos, serás salvo.

– Romanos 10:9

Esto es cierto, y la clave es que "seremos salvos" si confesamos y creemos con lo más íntimo de nuestro serque Dios resucitó a Jesús de entre los muertos. ¿Pero salvado de que¿ Y cómo puede alguien confesar a alguien que nunca hemos visto o conocido? Además, esto es lo que todo adorador de ídolos, culto o religión tiene como requisito: creer en su dios.

¿Hay una manera diferente de creer en Jesús más allá de nuestros sentidos? ¿Hay alguna manera más íntima de conocerlo?

El tema general del AT es cómo el Señor Dios, (YHWH, o Yahweh-Inglés) trató de conseguir que sus escogidos, el pueblo judío, se unieran a un pacto espiritual de matrimonio con Dios. Sin importar lo que hiciera por ellos, ellos siempre rompían sus pactos. Su pueblo era infiel, al seguir dioses y creencias falsas. Todavía lo hacemos hoy, a sabiendas o no.

En el AT, Dios describe su matrimonio espiritual con detalles desgarradores. Su esposa espiritual, Israel-Judá, actuó como las rameras:

12

Y vi, cuando por todas las causas por las que deslizánte hacia atrás Israel y cometió el adulterio yo la puesta ella lejos, y darle las papeles del divorcio;

sin embargo, las traicionera hermana Judá no temía, sino que fue y jugó a la ramera también.

– Jeremías 3:8

Debido a que los líderes judíos mataron a sus profetas y, más tarde, a los seguidores de Jesús, Dios destruyó el templo de los falsos líderes y a Jerusalén en 70 d.c. Veremos que Apocalipsis lo describe con símbolos apocalípticos.

A través del "Hijo" de Dios, *Jesús* ((Iesous) traducción griego-inglés), o *Yehoshua* (hebreo), o representado como Jehová-Señor (traducción al inglés de YHVH) del AT, un nuevo pacto de matrimonio eterno se hizo posible con cualquiera que aceptara al Salvador Jesús, prometido en el AT (Isaías 9:6, 43:11, Juan 3:16, 4:42).

Lo que la mayoría de las iglesias enseñan es que todavía debemos seguir las reglas de una relación inviable en el antiguo pacto. Así es como controlan a sus seguidores con reglas y doctrinas innecesariamente añadidas.

El AT sólo puede enseñarnos *por qué* el NT se hizo necesario. Pero el AT es ahora obsoleto, y tenemos que seguir las enseñanzas de Jesús, que es nuestro nuevo pacto o NT (Hebrews 8:12-13). Jesús no sólo nos salvó de Mysterio, Babilonia, sino también de nuestra enfermedad terminal: el juicio eterno.

El NT explica que Jesús es el Hijo, o segunda persona de la divina Diosbeza familia, que Jesús definió como el Padre, el Hijo y el Espíritu Santo. Esto los une como uno, como Dios.

Por tanto, id y ensenar a todas las naciones, bautizándolos en el <u>nombre</u> del Padre, y del Hijo, y del Espíritu Santo. (*nombre* está subrayado para señalar la singularidad de los tres como un solo ser divino, Dios).

– Mateo 28:19

*...**a fin de conocer el misterio de Dios, y del Padre, y de Cristo, en quien están escondidos todos los tesoros de la sabiduría y del conocimiento.***

Porque en él habita corporalmente toda la plenitud de la Deidad.

– Colosenses 2:2, 3, 9

Las palabras dentro de la Biblia son traducciones de un grupo de textos judíos inspirados y traducidas al griego. Documentan un dramático vínculo humano con un Dios *no creado*. Intentó varias relaciones de pacto con su pueblo sólo para tenerlos rompieran cada uno, destruyéndose a sí mismos y a sus hijos.

Nosotros descubrir cómo las creencias falsas y místicas de ídolos o dioses, originarias de Babilonia, sedujeron a los judíos a que se alejaran, y estas creencias místicas están vivas hoy en día.

Durante los primeros siglos después de Cristo, los creyentes en Jesús aceptaron los textos judíos y griegos como la palabra inspirada de Dios. Sin embargo, hubo argumentos con otros grupos que exigían la inclusión de sus filosofías o creencias místicas.

El NT de la Biblia enseña que después de la resurrección corporal de Jesús, los apóstoles (aquellos que presenciaron su reaparición), ahora bautizados con el Espíritu de Dios, mostraron cómo el reino de Dios ahora está disponible *dentro de nosotros* para todos los que creen. Primero ellos viajaron por la tierra para enseñar a los judíos la buena nueva de Jesús y Su resurrección: su Salvador, prometido por el AT, por fin había llegado.

La persecución implacable de los líderes del templo a la nueva iglesia demostró que estaban perdiendo su capacidad de engañar a sus seguidores para adorar la religión del templo. No había necesidad de adherirse a todas las leyes y rituales que los falsos líderes crearon.

Uno de los peores perseguidores, llamado Saulo, fue un romano que tuvo un pasmoso cambio de corazon. Un día, estaba en el camino a Damasco para continuar sus ataques. En el camino, que conoció a Jesús resucitado a través de una experiencia espiritual. Jesús le preguntó a Saulo por qué lo perseguía a *Él*. Entonces Saulo aprendió todo acerca de Jesús.

Debido a su testimonio y transformación *personal*, también se convirtió en apóstol. Su nombre cambió a Pablo, y compartió las enseñanzas que recibió de Jesús resucitado con los Gentil (no judíos) en todo el Imperio Romano (principalmente Roma).

Muchos de los Gentil sabio de Pablo provenían de filosofías paganas o griegas (inspiradas en Babilonia) y querían fusionar sus creencias con las nuevas enseñanzas de Pablo. Un grupo, los gnósticos, creían que podían lograr una mejor comprensión a través de un mayor conocimiento e iluminación mística.

La base del gnosticismo es que no necesitamos a Jesús y podemos salvarnos a nosotros mismos con nuestros propios esfuerzos académicos. Podemos lograr esto a través de la iluminación del conocimiento místico secreto. ¿Dónde hemos escuchado esto antes? La serpiente predicó un sermón similar en el Edén. Esta práctica sigue hoy en día, algunos a través de grupos secretos. Muchos no se dan cuenta de que el conocimiento oculto o secreto que están buscando es, en efecto, adorar a Lucifer como Satanás.

Para ayudar a mantener sus espiritual enseñanzas puras, los apóstoles eligieron a ciertos ancianos para mantener las doctrinas falsas fuera de sus iglesias. Varios líderes tomaron el título de obispo (1 Timoteo 3). Sin embargo, los obispos no eran apóstoles, ¡y los apóstoles no eran obispos! Aquí es donde una doctrina engañosa comenzó desde la Iglesia Católica Romana. El apóstol Pedro no era el obispo de Roma ni el primer Papa, como la iglesia romana que adoraba ídolo había reclamado.

Pedro no habría tenido nada que ver con una iglesia que adorara a ídolos. Además, Jesús no construyó su iglesia sobre el apóstol Pedro (otra falsa doctrina católica), que mostraremos más adelante en la Biblia.

16

Otros líderes—no nombrados por los apóstoles—se llamaban a sí mismos obispos y querían unir a sus grupos, con sus propias creencias místicas, con las enseñanzas de los apóstoles. Debido a sus esfuerzos, se describieron a sí mismos como universales, o *católicos* (la iglesia romana más tarde adoptaría el título *católica*).

Estos lobos disfrazados de ovejas trataron de mantener vivas ciertas leyes del AT, mezcladas con sus prácticas místicas inspiradas en Babilonia. Era una forma engañosa de controlar y gobernar sobre sus seguidores. Estos todavía están practican su religión hoy en día.

Pero los cristianos "vírgenes" convertidos, Espíritu-bautizados por los apóstoles, no creían en ninguna de las doctrinas de los hombres. El Espíritu de Dios ahora guió a su iglesia. Este fue su plan desde el principio y todavía lo es hoy.

El bautismo en el Espíritu Santo difiere del bautismo en el agua. Antes de que Jesús viniera, el bautismo en el agua era simbólico, primero realizado al limpiar a los sacerdotes del templo y luego, más tarde, a otros por Juan Bautista.

Sumergir el cuerpo completamente durante el bautismo en el agua de Juan representó la separación, el arrepentimiento y el lavado de los pecados. Fue una exhibición testimonial para demostrar que Jesús vendría en nuestro lugar. Moriría por nosotros, llevaría toda nuestra infidelidad a la muerte y luego se levantaría de nuevo para llevarnos a una nueva vida. Sin embargo, en lugar de agua, su sangre derramada lavaría para siempre nuestros pecados.

Juan profetizaba la venida de Jesús, donde la sangre derramada de Jesús lavaría los pecados de su iglesia. Ahora, con la sangre derramada por el pacto, el bautismo de un creyente está en el Espíritu Santo, como testificó Juan Bautista:

Yo a la verdad os bautizo en agua para arrepentimiento; pero el que viene tras mí, cuyo calzado yo no soy digno de llevar, es más poderoso que yo; él os bautizará en Espíritu Santo y fuego.

– Mateo 3:11

Las religiones creen en un dios religioso, con doctrinas y reglas falsas. Además, las personas crean el cristianismo en sus términos. Realizan obras rituales en lugar de confiar en Jesús desde el bautismo de Su Espíritu.

Algunos líderes enseñan que el bautismo en el agua de la antigua ley judía es necesario para llegar a ser cristiano. Mientras que, *conocer* nuestro bautismo proviene del Espíritu Santo, cuando Dios le revele, y que viene a morar dentro de nosotros. Como dijo Jesús:

Y yo rogaré al Padre, y os dará otro Consolador, para que esté con vosotros para siempre:

el Espíritu de verdad, al cual el mundo no puede recibir, porque no le ve, ni le conoce; pero vosotros le conocéis, porque mora con vosotros, y estará en vosotros.

– Juan 14:16–17

Respondió Jesús y le dijo: El que me ama, mi palabra guardará; y mi Padre le amará, y vendremos a él, y haremos morada con él.

– Juan 14:23

Mas el Consolador, el Espíritu Santo, a quien el Padre enviará en mi nombre, él que os enseñará todas las cosas, y os recordará todo lo que yo os he dicho.

– Juan 14:26

La única guía que necesitamos es escuchar las palabras de Jesús y los apóstoles en el NT, por medio de Su Espíritu. Una vez que una persona recibe al Espíritu Santo, se convierte en parte de la verdadera iglesia y tendrá Su Espíritu para siempre. Los primeros creyentes de la iglesia no podían negarlo ni a su conversión del Espíritu, a pesar de muchos encarcelados, torturados y ejecutados.

Los líderes de los templos a menudo apedreaban a muerte o entregaban a los creyentes recién bautizados a los romanos para que los torturaran y los crucificaran. La verdadera iglesia no podía negar conocer a Jesús como Dios, quien ahora le estaba dando vida a su reino en ellos.

Esta verdadera iglesia está disponible para todos los escépticos, agnósticos, ateos u otras personas que puedan haber sufrido abusos religiosos, espirituales, físicos o sexuales por su iglesia, y ahora pueden encontrar la paz con Dios.

Pactos

Ha habido muchos pactos creados a lo largo de la historia. (Todavía los tenemos en familias, transacciones inmobiliarias, matrimonios y contratos.) Los pactos eran entre dos o más partes. Ellos constar de fortalezas y debilidades, promesas, condiciones, juramentos o derrames de sangre, lo que le daba vida al pacto.

Las partes o las familias documentaron todo lo relacionado con su pacto, y luego tuvieron un intercambio de bienes; las dos familias se convirtieron en una, y sus nombres familiares fueron combinados.

Por ejemplo, tal vez una familia llamada Nord era de excelentes granjeros, y otra familia llamada Strom era de grandes guerreros. Podrían entrar en un pacto donde los granjeros alimentaban a los guerreros y a sus familias, y los guerreros protegían los campos y la familia del granjero. Sus familias se convirtieron en una sola, se cuidaron mutuamente y luego pudieron casarse con sus nombres, como Nordstrom.

En los típicos pactos tribales, se produjo sangre entre los dos líderes familiares. Les hacían un corte en las palmas de las manos y luego unían las manos para entremezclar su sangre en los cuerpos del otro. Otras veces, los líderes sacrificaban un animal (o más), lo dividían por el medio, y los líderes de la familia se paraban en la sangre mientras cuando juraron sus juramentos el uno al otro (Genesis 15). Mientras estaban unidos en la sangre, intercambiaban juramentos, promesas y condiciones. Las condiciones incluían los castigos por quebrantar el pacto, que eran severos.

Un pacto significaba que la otra familia era más importante que su familia personal. Aquí es de donde el dicho: "La sangre es más espesa que el agua", que proviene–es decir, el pacto de sangre derramada era más importante que el agua de la madre, derramada al nacer de sus hijos.

Hoy en día, usamos tinta en lugar de sangre para crear nuestros contratos o pactos. En las bodas, generalmente hay una cena de carne animal. En el lecho matrimonial, la mujer virgen derramaba sangre (no siempre verdadera hoy), para completar su pacto matrimonial.

Los pactos que Dios hizo con su pueblo parecían unilaterales porque Dios lo tenía todo, y su pueblo seleccionado no tenía nada de valor. Los únicos activos que el hombre poseía eran la culpa, el miedo, la vergüenza, el odio, la desobediencia, la enfermedad, el engaño, etc.

Dios tomaba nuestro odio y nos daba amor, tomaba nuestro miedo y nos daba seguridad, tomaba nuestra enfermedad y nos daba salud, tomaba nuestra muerte espiritual y nos dio vida eterna, tomaba nuestro engaño y nos daba la verdad eterna.

Los judíos sólo necesitaban aceptar las bendiciones y condiciones que Dios ofrecía y seguir su voluntad. Aunque quebrantaron cada pacto, Él creaba otro pacto con su pueblo, eventualmente haciendo un pacto eterno con cualquiera que lo aceptara, por medio de la sangre derramada por Jesús.

Gracias a *nuestro* Señor Dios, Jesús, ahora podemos volver para llevar a cabo lo que Él había planeado para nosotros desde el principio. Necesitamos confiar en Dios y en el bautismo en su Espíritu una vez más.

El Comienzo de la Falsa Iglesia Romana

Los emperadores romanos habían reclamado su deidad como dioses del advenimiento de César (la religión del *culto imperial*). Los romanos azotaron, enviaron a prisión o crucificaron a aquellos que se negaron a adorar al emperador como un dios (incienso ardiente) o no rindieran tributo (ofrendas o impuestos) a César.

Cuando la verdadera iglesia se extendió por todo el imperio, negando a los Césares como dioses, estas torturas aumentaron. Los romanos masacraron a los cristianos bautizados en el Espíritu en horribles exhibiciones de muerte en forma de circo. La Iglesia Católica Romana reanudaría más tarde estas torturas y muertes cuando los judíos o cristianos se negaran a honrar sus falsas doctrinas e iglesia.

Una de estas falsas doctrinas anteriores afirmaba que el apóstol Simón Pedro estuvo en Roma durante al menos veinticinco años, actuando como obispo de Roma y primer Papa. Pero la Biblia no dice nada sobre Pedro en Roma.

Hay evidencia de que el apóstol Pablo estuvo en Roma durante muchos años. Él identifica a los que están con él y saluda a muchas personas en sus cartas desde Roma. Si Pedro alguna vez hubiese estado allí, Pablo, en sus epístolas, u otro de los libros NT lo habría mencionado al menos una vez.

Había otro Simón quien algunos creen que fue a Roma e influyó en la formación de doctrinas, que ahora son usadas por la falsa iglesia. Pedro ya lo había conocido en Samaria y percibió que era malvado:

Pero había un hombre llamado Simón, que antes ejercía la magia en aquella ciudad, y había engañado a la gente de Samaria, haciéndose pasar por algún grande uno: A éste oían atentamente todos, de los más menos al mayor, diciendo: Este el hombre es el gran poder de Dios. Y le estaban atentos, porque con sus artes mágicas les había engañado mucho tiempo. Pero cuando creyeron a Felipe, que anunciaba el evangelio del reino de Dios y el nombre de Jesucristo, se bautizaban hombres y mujeres. También creyó Simón mismo, y habiéndose bautizado, estaba siempre con Felipe; y viendo las señales y grandes milagros que se hacían, estaba atónito. Cuando los apóstoles que estaban en Jerusalén oyeron que Samaria había recibido la palabra de Dios, enviaron allá a Pedro y a Juan; los cuales, habiendo venido, oraron por ellos para que recibiesen el Espíritu Santo; porque aún no había descendido sobre ninguno de ellos, sino que solamente habían sido bautizados en el nombre de Jesús. Entonces les imponían las manos, y recibían el Espíritu Santo. Cuando vio Simón que por la imposición de las manos de los apóstoles se daba el Espíritu Santo, les ofreció dinero, diciendo: Dadme también a mí este poder, para que cualquiera a quien yo impusiere las manos reciba el Espíritu Santo. Entonces Pedro le dijo: Tu dinero perezca contigo, porque has pensado que el don de Dios se obtiene con dinero. No tienes tú parte ni suerte en este asunto, porque tu corazón no es recto delante de Dios. Arrepiéntete, pues, de esta tu maldad, y ruega a Dios, si quizá te sea perdonado el pensamiento de tu corazón; porque en hiel de amargura y en prisión de maldad veo que estás.

Respondiendo entonces Simón, dijo: Rogad vosotros por mí al Señor, para que nada de esto que habéis dicho venga sobre mí.

– Hechos 8: 9–24

Tres cosas, aparte de Simón, el hechicero, destacan en estos versículos. Leemos que a pesar de los engaños de Simón, los samarianos creían en la enseñanza de Felipe de Jesús (v. 12).

El segundo acontecimiento fue su bautismo, probable bautismo en agua o exhibición externa de su intención de creer en Jesús, en lugar de Simón el hechicero.

La tercera es que Pedro y Juan oraron y pusieron las manos sobre ellos para recibir al Espíritu Santo (vv. 15, 17). Esto demuestra que hay una diferencia entre los bautismos en agua y del Espíritu Santo.

Después de que Simón se dio cuenta de que los samarianos estaban haciendo milagros (pareciendo mágicos para Simón), quería ese poder para sí mismo.

Simón quiso que Pedro rezara por él, pero cada uno de nosotros es responsable de pedir a Dios para conocer a Jesús resucitado y no a través de la membresía en una organización o religión.

Los historiadores entonces declaran que, en lugar de arrepentirse, este hechicero Simón tomó el título de Simón Magus (el Mago). Pequeño hay duda que usó la religión Gnóstica o mezcla de doctrinas paganas y cristianas.

Estaba en Samaria, que ya combinaba la adoración judía y babilónica de los dioses (2 Reyes 17). Algunos historiadores afirman que se unió con una prostituta, Helena de Tyre, que era una diosa sexualmente energizada, y que podría ser el "Jezabel" mencionado en Apocalipsis.

Los Romanos llamaban a sus dioses varones supremos *Pater* (Padre), y es fácil ver cómo, el título, *Pater*, podría convertirse Simón Pater (Magus) como lo llamaban las personas "el gran poder de Dios." Simón Pater Magus se hizo Simón Pedro.

Simón Magus pensó que si podía comprar un el apostolado con la "magia" del Espíritu Santo, podría añadir a sus seguidores. En cambio, eligió su misticismo para engañar a la gente. Este es el "vínculo de la iniquidad" que vio el apóstol Pedro. (Los católicos más tarde lo llamarían la compra de liderazgo en su *simonía* de iglesia).

Los investigadores entonces dicen que Simón Mago fue a Roma, que ya tenía politeísmo (adoración de múltiples dioses). Este falso Simón Pedro sembraría las semillas de una iglesia universal o católica. La falsa iglesia llamaría a *este* Simón el obispo y primer papa de Roma.

En el año 285, mucho después de que Simón Mago plantara sus raíces místicas-católicas en Roma, el imperio se volvió tan vasto que se dividió en este (imperio Bizantino) y oeste (más tarde, la falsa iglesia también se dividiría en este y oeste).

Entre el d.C. 311 y el 315, el emperador supremo, Galerio, junto con los emperadores Constantino y Licinio, puso fin a la persecución religiosa a través del Mandato de Tolerancia y el Mandato de Milán.

La madre de Constantino, Helena, adoptó la adoración cristiana mística *religiosa* como su religión, y su hijo, Constantino, lo hizo más tarde en la vida. Ellos y otros romanos supieran esto como una mejor adoración otras divinidades paganas.

Su imperialismo invirtió fuertemente en templos religiosos, construyendo catedrales, basílicas y monumentos sobre supuestas áreas sagradas de culto. Esta práctica pronto se extendió por todo el imperio.

Constantino mantuvo su adoración a un dios del sol, Sol Invictus. Luego cambió el Sabbath judío, el "día de no trabajar", de los sábados a los domingo, el día del Sol, mantener viva su adoración. Este dios pagano, el Sol Invictus, todavía brilla como un halo resplandor solar detrás de los ídolos católicos, tallados, imágenes de Jesús y santos populares, y obras de arte religiosas.

Además, Constantino ordenó que los mercados y oficinas públicas cerraran los domingos. Pocas personas saben que un emperador romano cambió el día de descanso al domingo para adorar al Sol y cerró nuestras oficinas públicas y mercados financieros los domingos. Ir a la iglesia un domingo no tiene nada que ver con Jesús o la verdadera iglesia, sino con la adoración del dios del sol.

Nunca hubo un día especial para adorar a Dios, ya que los apóstoles y seguidores estaban en una iglesia espiritual todos los días con el Señor Jesús, quién ahora es nuestro día de reposo (Hebreos 4).

En el año 325, Constantino les ordenó a los obispos de todo el imperio que se reunieran en Nicea para organizar sus creencias. La discusión principal giró en torno a la deidad de Jesús. Un grupo pagano, llamado Arianos, argumentó que Dios creó a Jesús, mientras que la Biblia afirmó que hizo todas las cosas, y siempre estaba con Dios como su sabiduría o Palabra (Juan 1:1–3).

Este consejo también redactó el Credo de Nicea, la fecha para la Easter romana, y estableció el derecho canónico o las ordenanzas y reglamentos de la iglesia. Alrededor del d.c. 380, los obispos formalizaron el Credo de Nicea, y el Mandato de Tesalónica hizo que el cristianismo de Nicea como la religión del estado.

Constantino había muerto en el año d.c.335, por lo que ahora el emperador Teodosio comenzó a cerrar templos paganos mientras promovía la iglesia romana. La puerta se abrió para traer la adoración de ídolos y sol, l, el misticismo y la adoración de la madre de Dios (de adoración pagana a la Reina del Cielo) y desarrollar aún más la iglesia universal: la Iglesia Católica Romana.

El Oeste Imperio Romano pronto fue atacado por los extranjeros, y el gobierno disminuyó. Esto dio lugar a que la papista tomara el mando único. Tener un gobernante uno-papa-emperador duró hasta alrededor del d.C. 800, cuando el Papa León III proclamó a Carlomagno como a nuevo emperador. Juntos formaron el Sagrado Imperio Romano, que duró hasta que Napoleón lo desmanteló alrededor de los 1800.

Con sus tradiciones místicas católicas y adoradoras de ídolos intactas, la falsa iglesia romana sólo leía ciertos textos de las Escrituras, en latín. Esto mantuvo a los miembros pobres, desconsolados, cautivos, ciegos y magullados a lo que la Biblia y las palabras de Jesús dijeron.

Lo que tenemos que darnos cuenta de todo esto es que el Imperio Romano revivido (no hay nada sagrado en él) todavía controla nuestras vidas a través de doctrinas y reglas falsas. A pesar de las afirmaciones de los papas (y sus historiadores) de que su iglesia nos dio nuestra Biblia y comenzó la iglesia cristiana, ahora vemos que eso es ridículo.

Esta falsa iglesia sólo instaló un sistema romano de jerarquía gubernamental continua con su adoración a los ídolos, ahora disfrazados de iglesia cristiana:

- En lugar de que los emperadores reivindiquen su advenimiento a la deidad, ahora los papas hacen lo mismo.

- En lugar del Romano senado, los consejos o los sacerdotes de los templos paganos romanos, ahora los cardenales, obispos y sacerdotes católicos promueven las falsas tradiciones de la iglesia en ahora los cardenales, obispos y sacerdotes católicos promueven las falsas tradiciones de la iglesia en por encimde de la Biblia.

- En lugar de torturas y crucifixiones romanas, la Iglesia Católica Romana abusó de los niños, causó la matanza de innumerables judíos y verdaderos cristianos, y quemó mártires en la estaca, aquellos que tuvieron el valor de levantarse con audacia y negar que los romanos habían establecido la iglesia verdadera.

Dios bendiga a los "herejes" a lo largo de la historia, que se levantaron contra la Iglesia Católica Romana a sus muertes torturadas. Ahora gobiernan con Dios en su reino.

Los padres no se dan cuenta de que están poniendo en peligro a sus hijos. Esta iglesia pervertida protege a innumerables depredadores y pedófilos disfrazados de sacerdotes y líderes que torturan y abusan sexualmente de los niños de todo el mundo.

Y cualquiera que haga tropezar a alguno de estos pequeños que creen en mí, mejor le fuera que se le colgase al cuello una piedra de molino, y que se le hundiese en lo profundo del mar.

– Mateo 18:6

La Iglesia Católica Romana engañó a millones de personas, y todavía lo hace hoy en día, a través del revivido adorador de ídolos, Imperio Romano, disfrazado de iglesia cristiana.

Dios canonizó las Escrituras a través de Su Espíritu Santo en las mentes y los corazones de los verdaderos creyentes ante esta falsa iglesia comenzó .

Religión en Ciencia: Inteligencia y Tiempo

Profesor de evolución: "Se necesitaron miles de millones de años para hacer a un ser humano".

Estudiante curioso: "Entonces, ¿por qué sólo toma nueve meses ahora?"

Existen dos sistemas principales de creencias sobre la creación. Uno es el bíblico, donde un Dios *no creado* hizo todas las cosas. El otro viene de la antigua Babilonia, donde todo se unió a través de dioses creados. Esta última creencia no es obvia en nuestro mundo al principio hasta que profundizamos.

Las ciencias nos dicen que la macroevolución del cosmos, los productos químicos, las estrellas y los planetas, y los organismos, así como la microevolución, creó todas las cosas a lo largo de miles de millones de años. A su favor, la llamada microevolución como la evolución animal, es observable en las mascotas domesticadas o animales junto con algunos otros. Sin embargo, no ocurrió durante miles de millones de años, sino por nuestra manipulación en la cría, y la pérdida de información genética.

La Biblia muestra que hay dos o más universos (cielos), uno llamado el reino espiritual. La ciencia está haciendo creer que teorizaron un "multiverso", o más de un universo. Si podemos entender que hay más de un reino o universo, entonces podemos ver por qué algunas cosas parecen tener millones o miles de millones de años. ¿Es posible que todas las cosas se formaron primero en el reino espiritual atemporal y luego eliminaron ciertos elementos para crear nuestro universo?

Es cierto que este libro no es una revista científica, y no tiene la intención de desacreditar a los científicos. Sin embargo, un científico no está exento de los engaños inspirados en Babilonia, y todavía podemos unirnos con una mejor comprensión de la creación. Uno reino ha existido desde siempre, y el nuestro, en relación, acaba de empezar.

Cuando ambos argumentos aceptan el descubrimiento del ADN inteligente *codificado*, podemos descubrir la creación. El ADN implica los códigos utilizados en el desarrollo y mantenimiento de organismos como nuestros cuerpos. La evolución de la *nada* se convierte en un engaño porque es imposible enviar y recibir códigos (comunicación codificada) sin tener una planificación *inteligente* en ambos extremos.

Una persona varada en una isla puede transmitir ABCD para siempre, sin rescate. Pero cámbialo a SOS, y la ayuda irá en camino. Una persona inteligente creó el código Morse del SOS, y el remitente y el receptor saben lo que significa la comunicación codificada para producir el resultado deseado.

Charles Darwin, a sabiendas o no, adoptó un sistema de creencias de creación babilónico llamado Madre Naturaleza, igual al que muchos científicos practican hoy en día. Esta creencia es mística o mágica en la interpretación, lo que permite suposiciones imposibles en sus teorías. Miró a otros científicos como dioses, tal vez incluso Aristóteles:

"De las citas que había visto tenía una alta noción de los méritos de Aristóteles, pero no tenía la idea más remota de lo maravilloso que era. Linneo y Cuvier han sido mis dos dioses, aunque de maneras muy diferentes, pero eran meros escolares con respecto al viejo Aristóteles".[1]

Después de examinar las variaciones del pico con ciertas aves, Darwin creía que estas aves, en efecto, utilizaban el misticismo evolucionado de la Madre Naturaleza para cultivar picos únicos para sobrevivir en su entorno, lo que significa picos más grandes para semillas más grandes y picos más pequeños para semillas más pequeñas.

Eliminando este engaño, las aves formaron sus picos ya sea reproduciéndose con otras aves, o siempre existieron de esta manera y volaron a diferentes áreas por su cuenta o vinieron por los viajeros. Con un poco más de esfuerzo, los picos pequeños pueden comer semillas más grandes, y los picos más grandes pueden comer semillas más pequeñas. Es lo que sea más conveniente o esté más disponible, no una evolución para sobrevivir.

Ahora a través de la investigación del ADN, sabemos, por ejemplo, que un perro Chihuahua canino vino de un lobo *canino*. Pero no era una cuestión de supervivencia evolutiva. También lo sabemos debido a la historia registrada, donde las personas más de años utilizaron el la cría selectivo de lobos para producir perrosc. Ten estas varias formas de animales debido al mestizaje.

---

[1] Charles Darwin, carta (1882) a William Ogle, en Francis Darwin (ed.), *Life and Letters of Charles Darwin* (London: John Murray, 1887), 3:252.

La evolución enseña que a través de la necesidad o la supervivencia, un organismo o animal gana genes o ADN para hacer un pico diferente, o un lobo se convierte en un perro. Esta suposición se produce a partir de la selección natural, o la supervivencia del más apto, para adaptar un pico o convertirse en un perro. La macroevolución enseña que un organismo menor se convierte en uno mayor. Si esto fuera cierto, el Chihuahua podría obtener genes o ADN para convertirse en un lobo.

Es obvio; el hecho es que ciertos lobos tenían algunos de sus vínculos genéticos de ADN corrompidos, tal vez por su dieta, enfermedades o el medio ambiente, que luego transmitieron a sus cachorros. Luego entremezclamos a estos lobos con perros. Así es como todos los animales u organismos llegaron a ser como son hoy en día, a través de ADN corrupto codificado genéticamente y el mestizaje con su propia especie.

Es inútil creer que formas más simples de vida, (macro) evolucionaron a otras formas por sí solas (por ejemplo, los simios evolucionaron en seres humanos). La muerte no utiliza el misticismo ni la naturaleza para hacer inteligencia o ADN codificado. De esto sabemos, que vino primero el pollo o el huevo. Es obvio que Jesús hizo el pollo con un huevo ya dentro.

Algunos creen que muchos de nuestros genes están latentes, o algunos científicos dicen que llevamos genes "basura" porque no conocen su función. Al principio, teníamos un propósito para todos nuestros genes. Eran necesarios para vivir en un mundo espiritual muy diferente, eterno. Perdimos la información (nos corrompimos) cuando nos alejamos de la luz de Dios a las tinieblas, y nos convertimos en una forma más baja de ser que lo que Dios pretendía para nosotros.

Nunca se suponía que viviéramos en nuestro reino físico actual, donde todas las cosas eventualmente se disuelven, corrompen, oxidan, descomponen, destruyen, mueren y vuelven a ser polvos moleculares.

De Dragones a Dinosaurios

Cuando éramos niños, creíamos en el Hada de los Dientes, el Conejo de Pascua y Santa Claus. Hoy en día, un niño experimenta un engaño separado y aún mayor, y es al comienzo de los libros de niños y ciencias:

"Hace millones de años, los dinosaurios vagaban por la tierra."

Es a partir de esta frase que ha iniciado el mayor engaño de la comunidad científica. *Dinosaurio* es una palabra inventada, *dinosauria*, que proviene de dos palabras griegas: *deinos* (terrible o tremendamente grande) y *saurus* (lagarto), o "lagarto grande y aterrador".

Sir Richard Owen acuñó el término *dinosaurio* (enorme lagarto aterrador) en 1842. Fue un científico británico que estudió anatomía y fósiles. Owen quería un término o categoría específica para tres reptiles de huesos grandes en particular, que descubrió enterrados en el sur de Inglaterra y que había presumido extintos.

Este evento ocurrió durante el desarrollo de Darwin de su teoría de la evolución, y el debate de la selección natural sobre la creación estaba llegando a una cabeza científica.

Es probable que Owen fuera un teísta (creído en Dios como algunos científicos todavía lo hacían) porque al principio se opuso a la teoría de Darwin.

En el pasado, ya había habido un término para dinosaurios: *dragones*. Este término, *dragones*, incluía a las sierpes, y la Biblia los describe treinta y cuatro veces. Los dragones también fueron mencionados en documentos históricos y en informes de exploradores. Con muchos documentos históricos de *dinosaurios/dragones* disponibles, era difícil para los científicos evolutivos de la época (y debería ser hoy) convencer a la gente de que los dinosaurios murieron eones antes de que los humanos llegaran a la Tierra. Después de todo, los dinosaurios no podrían haber existido hace millones de años con evidencia de relativos avistamientos recientes.

Por lo tanto, la Biblia y los dragones tenían que convertirse en un mito. Los dinosaurios como obras de arte de dragón sobre cerámica, paredes de cuevas, tallas y otros informes descubiertos se convirtieron en explicaciones inventadas. Sin embargo, la historia documentada demostró que habían existido con la gente.

Dividiste el mar por tu fuerza; quebrantaste las cabezas de los dragones en las aguas. Quebrantaste cabezas de leviatán, y le diste sus carne a la gente que habita el desierto.

– Salmos 74:13–14

En ese día, el Señor, con su espada grande y fuerte, castigará al leviatán la serpiente penetrante, incluso al leviatán esa serpiente torcida; y él va a la matar al dragón que está en el mar.

– Isaías 27:1

He aquí ahora behemoth, que hice con ti; come hierba como un buey. Lo ahora, su fuerza está en sus lomos, y su fuerza está en el ombligo de su vientre. Mueve la cola como un cedro: los tendones de sus piedras están envueltos. Sus huesos son tan fuertes pedazos de bronce; sus huesos son como barras de hierro. El es el principio de los caminos de Dios; el que lo hizo, puede hacer que su espada a él se acerque. Ciertamente los montes producen la comida para él; y toda bestia del campo retoza allá. Se encuentra bajo de las sombras, en lo oculto de las cañas y de los lugares húmedos. Los árboles sombríos lo cubren con su sombra; los sauces del arroyo lo rodean. He aquí, bebe un río, y no se apresura: confía en que puede sacar al Jordán en su boca. Lo toma con los ojos: su nariz atraviesa las trampas. (Dios más tarde describe un dragón que el fuego-estornuda).

– Job 40:15–24

¿Qué animal que no sea un dinosaurio behemoth puede alimentarse desde las cimas de las montañas, tener una cola tan grande como un árbol de cedro, o puede beber en un río? La historia ha documentado cientos, si no miles de grandes dragones y reptiles en el pasado reciente. Algunos otros ejemplos que podemos investigar:

Herodoto: Fue un historiador griego durante el siglo V a.C. Durante un viaje a Buto, Arabia, descubrió espinas y huesos de sierpes, similares a una serpiente de agua pero con alas similares a un murciélago.

Alejandro Magno: Invadió la India en 330 a.c. e informó que la gente adoraba a un enorme dragón el silbido en una cueva. El rey de la India tenía sierpes de 120-210 pies de largo. Más tarde, los gobernantes griegos trajeron dragones vivos de Etiopía.

Morvidus: Rey de los británicos de 341-336 a.c. Después de que un enorme dragón apareció del mar de Irlanda y comenzó a devorar a los ciudadanos, Morvidus trató de proteger a su pueblo. Intentó matar al dragón, pero el dragón se lo tragó vivo.

Marco Polo: Viajó y exploró gran parte de Asia en el siglo XIII, documentando las costumbres, plantas y animales de la zona. Cerca de una provincia llamada Karajan, describió encontrar enormes sierpes y serpientes, de cincuenta pies de largo con una circunferencia de cien pulgadas. También encontró dragones y los describió de la siguiente manera:

"En la parte delantera, cerca de la cabeza, tienen dos patas cortas, cada una con tres garras, así como ojos más grandes que un pan y muy mirada feroz. Las mandíbulas son lo suficientemente anchas como para tragarse a un hombre, los dientes son grandes y afilados, y toda su apariencia es tan formidable que ni el hombre, ni ningún tipo de animal puede acercarse a ellos sin terror". [2]

---

[2] Marco Polo, *The Travels of Marco Polo* (New York: Signet Classics, 1961), 158–159.

Los fósiles de dragones/dinosaurios recientemente descubiertos contenían tejidos y sangre en ellos, que obviamente, no podrían haber sobrevivido a millones de años. Los científicos tratan de hacernos creer que un antiguo asteroide mató a los enormes dragones y dinosaurios, cuando los cambios recientes en el medio ambiente y los humanos fueron los culpables.

Los reptiles seguirán creciendo desde el nacimiento hasta la muerte. Antes de la inundación y un poco después, las personas y los animales vivían mucho más tiempo, hasta cientos de años. Después de la inundación, la presión atmosférica disminuyó en nuestra tierra, dejando finalmente mucho menos oxígeno para que las criaturas gigantes respiraran.

Además, los períodos de vida son mucho más cortos ahora, al menos en comparación con los períodos de vida después de la inundación, según la genealogía judía o los antiguos textos sumerios.

Todavía tenemos lagartos o dragones, pero no la enorme variedad que una vez vagó por nuestra tierra. Como estas enormes bestias aterrorizaban a la gente, los aldeanos se unieron con los guerreros para destruirlos.

Los caricaturistas han dibujado un arca de Noé sobrecargada y llena de animales como jirafas y dinosaurios sacando sus cabezas del arca. Su burla implica que los animales enormes no pueden caber de ninguna manera en el arca.

Lo que los caricaturistas y otros no se dan cuenta es que Noé trajo animales bebés o jóvenes y aves en el arca. Comían menos, producían menos residuos y serían más fáciles de cuidar. También era necesario traer a los animales más jóvenes para que tuvieran más tiempo para reproducirse con la variedad que observamos hoy en día.

Hasta hace unos cientos de años, muchos científicos creían que una inundación formó las capas (o estratos) geológicas de nuestra tierra porque eso era lo que mostraba la evidencia. Esto cambió después de que un científico escocés autoentrenado llamado James Hutton estudiara una pequeña área de tierra. Se dio cuenta de un cambio lento de las capas de tierra formadas por la erosión y teorizó que tomaría millones de años crear los estratos de la tierra.

Por lo tanto, concluyó, no fue una inundación catastrófica, sino una erosión lenta en todo el mundo, y las capas inferiores fueron las más antiguas por millones, si no miles de millones, de años. A partir de esto, desarrolló una teoría del uniformitarismo (cambio lento) y publicó sus obras en volúmenes titulados —Teoría de la Tierra.

Alrededor de la misma época, un científico autodidacta llamado William Smith descubrió a partir de una mina de carbón en la que trabajaba que a veces los fósiles parecían alineados en determinados estratos. Fue a partir de este descubrimiento que desarrolló el primer mapa geológico.

A partir de entonces, suponiendo que alguien quisiera saber qué fósil era más antiguo; la persona podía observar la capa de tierra local. En el razonamiento circular obvio, si alguien quería saber la edad de una capa de tierra, la persona podía observar el tipo fósil localizado en ella.

En su aparente celo por refutar a Dios y promover una evolución de más de un millón de años, nadie veía el obvio método *no científico* de razonamiento circular utilizado en sus teorías, que los estudiantes todavía aprenden hoy como si fueran hechos.

En el siglo XX, dos nuevas mediciones entraron en la escena científica para medir la edad de los organismos y las rocas: *datación de carbono* y *descomposición radiactiva*. Los científicos supusieron que el carbono y la descomposición radiactiva eran estables y no habían cambiado a lo largo de miles, incluso millones, de años.

Científicos evolutivos pasan por alto los errores de estas herramientas: sus suposiciones. Lo más que saben es que estas tasas de decaimiento fueron estables sólo desde su descubrimiento hace unas décadas, pero luego asumieron esta decadencia del objeto desde sus comienzos. Si una persona ya "sabe" que la respuesta es millones de años, entonces en el otro lado de la ecuación es posible manipular las fórmulas para lograr esa respuesta.

Para determinar las tasas de decaimiento, los científicos crearon una suposición de cuánto carbono y radiactividad estaba disponible antes de la decadencia para medir miles de años para el carbono o eones para la radiactividad, y las tasas de decaimiento eran constantes.

Por desgracia, ningún científico estaba disponible hace miles o millones de años para probar cuándo las cosas comenzaron a decadencia. Nadie existió a través de los eones de los años para determinar la constancia de la decadencia. Todo lo que el científico puede hacer es mirar lo que la decadencia y su tasa hoy en día y luego crear las fórmulas para igualar la respuesta a "lo que ya saben."

A medida que avance el tiempo, estas suposiciones de herramientas de medición cambiarán a medida que aprendamos cómo las fuerzas universales históricas sesgaron las tasas de decadencia.

Estamos empezando a ver cómo el engaño de Misterio Babilonia se ha infiltrado en todo. Pero, ¿cómo comenzó? Empezó cuando nos engañar por primera vez. Lucifer nos engañó para que creyéramos que podíamos existir sin que Dios entrelazara Su Espíritu con el nuestro.

Desenchufamos la luz de Dios (nos alejamos), nuestro conocimiento de Dios se oscureció, y aprendimos que un Dios no creado nunca existió. No emitimos la luz de Dios ahora, pero lo hicimos antes de nuestra caída, y afortunadamente, Su Espíritu puede restaurarnos a su luz de nuevo.

Porque en otro tiempo erais tinieblas, mas ahora sois luz en el Señor; andad como hijos de luz.

– Efesios 5:8

Como lo enseña la tradición, esto describe a una persona antes y después de su conversión hacia Jesús. Pero cuando Jesús nos bautiza, extiende las palabras de la Biblia al mundo de los espíritus y podemos caminar como hijos de la luz, conociendo al reino de Dios una vez más.

Muchas personas y líderes no tienen ni idea de su necesidad de que el Espíritu Santo revele la luz y las profundidades de Dios y de la Biblia.

Pero el hombre natural no percibe las cosas que son del Espíritu de Dios, porque para él son locura, y no las puede entender, porque se han de discernir espiritualmente.

— 1 Corintios 2:14

¿Qué son las Religiones Inspiradas en Babilonia?

Y la mujer estaba vestida de púrpura y escarlata, y adornada de oro, de piedras preciosas y de perlas, y tenía en la mano un cáliz de oro lleno de abominaciones y de la inmundicia de su fornicación; y en su frente un nombre escrito: MISTERIO BABILONIA LA GRANDE, LA MADRE DE LAS RAMERAS Y DE LAS ABOMINACIONES DE LA TIERRA.

– Apocalipsis 17:4–5

Porque ya está en acción el misterio de la iniquidad; sólo que hay quien al presente lo detiene, hasta que sea sacado del camino.

– 2 Tesalonicenses 2:7

Dios dio a los profetas bíblicos pre-acceso a su reino. Profetizaron eventos actuales y futuros. Esos profetas advirtieron a los judíos lo que sucedería al faltarle el respeto a las bendiciones del pacto y a la protección de Dios.

El apóstol Juan recibió un acceso especial al reino espiritual en Apocalipsis. Dios le mostró por qué el juicio venía en su tiempo.

Las religiones babilónicas adoradoras de dioses-ídolos, y cómo se dispersaron en todo el mundo, llenan los estantes de las bibliotecas. Estos descendientes de Satanás inspiraron religiones se habían extendido a ciertas iglesias. Juan aprende

44

por medio de Apocalipsis lo que les sucede a esas iglesias si continúan en sus prácticas, comenzando con el juicio sobre Jerusalén y los adoradores del templo.

Lo que estamos señalando aquí es Misterio Babilonia como la "madre de las rameras y de las abominaciones de la tierra". Misterio Babilonia la no es el reino de Babilonia, sino sus sistemas de creencias, que el mundo y los falsos líderes judíos adoptaron en sus templos.

El misterio es la iniquidad. Por lo tanto, tenemos las iniquidades de Babilonia; tenemos que averiguar lo que significa la iniquidad y lo que tiene que ver con Babilonia.

La iniquidad o misterio Babilonia es cualquier creencia que se retuerce o va en contra de la voluntad o palabra del Dios no creado. La madre de las rameras, se convirtió en Jerusalén, Israel, cuando el templo adoptó los mitos religiosos mezclados de Misterio Babilonia y Roma.

Anteriormente en la historia, los babilonios habían conquistado y secuestrado a los judíos, destruyendo sus templos y a Jerusalén. Después de que el rey persa Ciro II derrotó a Babilonia en el 538 a.C., liberó a los judíos, muchos de los que luego comenzaron su lento regreso a Jerusalén. Un nuevo sistema de creencias entró más tarde en judío templo después de reconstruir la ciudad y el templo.

La iniquidad comenzó los sistemas de creencias de Misterio Babilonia, donde la gente se apartó intencionalmente de Dios para crear y adorar a sus ídolos creados como dioses. Había dioses, diosas y sibilas creados a partir de la imaginación de las personas inspiradas por Satanás. Ahora, en lugar de Dios, los poderes místicos engañosos de los dioses míticos y la naturaleza lo crearon todo.

Las diosas llegaron a ser elevadas a la *Reina del Cielo*, y su nombre cambió con su naturaleza y carácter a medida que los reinos se apoderaron de otros reinos.

Los mitos sobre dioses y diosas seducido a los judíos lejos de Dios para adorarlos a ellos.

Los hijos recogen la leña, los padres encienden el fuego, y las mujeres amasan la masa, para hacer tortas a la reina del cielo y para hacer ofrendas a dioses ajenos, para provocarme a ira.

– Jeremías 7:18

Misterio, Babilonia comenzó después de que se produjera la inundación de limpieza (Noé), cuando un poderoso cazador llamado Nimrod se levantó como un dios y gobernante. Era hijo de Cush, que era el bisnieto de Noé. Nimrod esclavizó a los niños para construir una torre al cielo.

Cuando Lucifer cayó del Edén y del mundo de Dios, con sus ángeles caídos y con nuestros espíritus caídos, su nombre cambió a Satanás. Ahora está gobernando nuestro mundo a través de Misterio, Babilonia, sembrando su semilla. Satanás está enojado por su cuarentena con nosotros en la tierra y quiere ascender de nuevo al cielo. Este siempre ha sido el motivo de Satanás para engañar, gobernar sobre las personas y destruir las obras de Dios.

Tú que dicho en tu corazón: Ascenderé al cielo, exaltaré mi trono sobre las estrellas de Dios: Me sentaré también en el monte de la congregación, en los lados del norte: sobre las alturas de las nubes subiré, y seré como al Altísimo.

– Isaías 14:13–14

Nimrod se convierte en una semilla en el plan de Satanás para construir una torre para ascender volver al cielo y destruir la voluntad de Dios. A medida que Nimrod continuaba siguiendo el liderazgo de Satanás, construyó reinos y gobernó sobre su pueblo.

Era un poderoso cazador ante el Señor: por lo tanto, se dice: Así como Nimrod, el poderoso cazador ante el Señor. Y el comienzo de su reino fue Babel, y Erech, y Accad, y Calneh, en la tierra de Shinar.

– Génesis 10:9–10

Tenía entonces toda la tierra una sola lengua y unas mismas palabras. Y aconteció que cuando salieron de oriente, hallaron una llanura en la tierra de Shinar, y se establecieron allí.

– Génesis 11:1–2

Shinar era una zona fructífera, llena de vegetación y animales. El miedo al hombre estaba en los animales, así que es dudoso que los animales atacaran a la gente. Esto sugiere que Nimrod era un cazador de trofeos y asesinaba por deporte "ante el Señor" (o en su cara), de nuevo bajo Satanás para mostrar rencor por lo que Dios había creado.

Y se dijeron unos a otros: Ve a, vamos a hacer ladrillos, y quemarlos a fondo. Y tenían ladrillo para piedra, y baba tenían para morter.

Y dijeron: Vamos, edifiquémonos una ciudad y una torre, cuya cúspide llegue al cielo; y hagámonos un nombre, por si fuéremos esparcidos sobre la faz de toda la tierra.

– Génesis 11:3–4

Esto muestra el comienzo de apartarse de la voluntad de Dios, ya que se tenían que extender por la tierra, pero en su lugar permanecieron en un solo lugar.

La baba para el mortero era un tipo de alquitrán, ya que los arqueólogos descubrieron azulejos y ladrillos con alquitrán de betún en Babilonia, Irak. Según el historiador judío Josefo, proporcionaría impermeabilización para la torre en caso de que Dios los destruyera con otra inundación.

Parece probable, Nimrod esclavizara a los niños porque los adultos todavía conocían las enseñanzas del verdadero Dios de sus padres, y quería gobernarlos como su dios. Los adultos tampoco querían participar en trabajar con alquitrán.

Dios les dijo a los descendientes de Noé que se dispersaran y poblaran la tierra, pero Nimrod va en contra de Dios y se instala en Shinar, para construir una torre para Satanás.

El SEÑOR descendió para ver la ciudad y la torre que edificaban los hombres. Entonces dijo el SEÑOR: "He aquí que este pueblo está unido, y todos hablan el mismo idioma. Esto es lo que han comenzado a hacer, y ahora nada les impedirá hacer lo que se proponen. Vamos, pues, descendamos y confundamos allí su lenguaje, para que nadie entienda lo que dice su compañero".

Así los dispersó el SEÑOR de allí sobre la faz de toda la tierra, y dejaron de edificar la ciudad. Por tanto, el nombre de dicha ciudad fue Babel, porque el SEÑOR confundió allí el lenguaje de toda la tierra, y desde allí los dispersó sobre la faz de toda la tierra.

– Génesis 11:5–9

Una razón para la torre fue para que en caso de que Dios los castigara por su desobediencia con otra inundación, podrían subir a la torre. El otro era regresar al cielo con Satanás, ya que el trono de Dios se había asentado sobre la tierra espiritual o en la montaña de Dios.

Había uno lenguaje y uno propósito: construir la torre y construir reinos que se opusieran a Dios. Dios mezcla los lenguajes para que no pudieran entender lo que Nimrod quería que hicieran. Los niños se fueron a seguir el plan original de Dios de poblar la tierra, que era mejor que trabajar en pozos de alquitrán.

La adoración a ídolos comenzó, y la gente convirtió la torre en un templo pagano, (base de operaciones de Satanás) donde aprendieron que el sol, las estrellas y los planetas controlan la tierra y sus vidas, no Dios.

A medida que sus religiones crecían y se extendían como "los Constructores", desarrollaron las herramientas y tecnologías de albañiles que necesitaban, y este conocimiento pasó a otros reinos. No son las herramientas o la construcción lo que es malo, sino la enseñanza del supuesto conocimiento secreto, que es que Satanás es el gobernante y creador de todas las cosas en nuestra tierra. Y las herramientas hicieron los ídolos tallados y hechos a mano de dioses y diosas.

Este conocimiento místico más tarde pasó un grupo llamado la Artesanía, o FrancMasones, que colocaban sus insignias en imponentes edificios, monumentos y obeliscos en memorias de personas que alguna vez fueron poderosas. Otras ramas incluyen los *Odd Fellows, the Bohemian Club, OTO, fraternal Skull and Bones*, entre otros. Muchos presidentes de los Estados Unidos eran masones o estaban involucrados con otras sociedades secretas.

Las escuelas del misterio, donde la gente se entrenaba en las artes secretas, se crearon. Innumerables personas creen diariamente que el horóscopo del zodíaco tiene poder sobre sus vidas. Adoramos las "estrellas" del cine, los deportes y el rock.

Las sociedades secretas ocultas usan los sistemas de creencias de Babilonia. Aprenden a convertir al Dios cristiano en el ser culpable del dolor y la miseria que sufrimos a lo largo de nuestras vidas. Necesitan destruir el cristianismo porque los cristianos robaron sus "secretos" y crearon a su falso dios

Jesús. Las creencias místicas cambian una letra de la palabra hijo (*son*) para convertirla en sol (sun) y adorar al sol.

El secreto enseña que Satanás pronto tomará el control y liberará a todos de la creencia en Dios. A través de las ciencias políticas, los políticos aprenden de los antiguos griegos y filósofos cómo poner a todas las personas bajo el control de la Mistico Babilonia.

¿Por qué la parte posterior de nuestro billete de dólar tiene un "sello" con una pirámide abierta, números romanos grabados en la base, un ojo vigilante con un sol glorificado detrás? ¿Por qué las palabras en latín, la lengua de Roma?

¿Cómo podemos cambiar de gobierno para mejor cuando les dimos poder sobre nuestras vidas controlando nuestra educación, jubilación, atención médica y cuestiones similares? Nuestros Padres Fundadores comenzarían uno insurrección desde sus tumbas si supieran que permitimos que nuestro gobierno financiara incluso un programa social. El plan es someter a los gobiernos al socialismo, que es de Misterio Babilonia. ¿Y quién gobernaría una vez que los gobiernos estén bajo un ideal de democracia socialista?

La democracia socialista hace creer que es el gobierno ideal para controlar todos los aspectos de nuestras vidas. Viaje a cualquier país controlado en una democracia socialista no parlamentaria, y descubrimos la pobreza extrema, las calles gobernadas por pandillas y la gente que huye para invadir las fronteras de EE.UU.

Los paganos aprendieron que el sol hizo que la vegetación creciera, entonces adoraban su poder. La luna y las estrellas los consolaron en su miedo a la oscuridad. Los cuerpos celestiales parecían moverse, causando el cambio de las estaciones. Estos poderes se convirtieron en dioses, diosas e ídolos para adorar, y estos engaños se extendieron a sociedades secretas.

Durante el viejo tiempo, en el viejo mundo (reino espiritual), Lucifer, vestido de joyas, caminó entre las piedras ardientes (brillantes) en el Edén. Reflejó la impresionante gloria de Dios y su reino.

Has estado en Edén el jardín de Dios; cada piedra preciosa era tu cubierta, el sardius, el topacio, y el diamante, el berilo, el ónix, y el jaspe, el zafiro, la esmeralda, y el ántrax, y el oro: la mano de obra de tus tabrets y de tus tubos se preparó en ti en el día que fuiste creado. Tú eres el querubín ungido que te cubre; y yo te he puesto así: has estado en la montaña santa de Dios; has caminado arriba y abajo en medio de las piedras de fuego. Fuiste perfecto en tus caminos desde el día en que fuiste creado, hasta que la iniquidad fue encontrada en ti.

– Ezequiel 28:13–15

La familia real lleva coronas incrustadas con gemas que reflejan la luz y su gloria. Las coronas muestran "rayos" para retratar el poder simbólico del sol que brilla sobre sus cabezas. Usamos joyas ardientes para reflejar la luz y llamar la atención sobre nosotros mismos.

La iniquidad vino primero de Lucifer y está en Misterio Babilonia como Satanás. Está apartando a la gente de Dios creando sistemas de creencias religiosas. Cuando les permitimos controlar nuestras vidas, les da poder sobre nosotros.

Sabiéndolo o no, utilizamos símbolos inspirados en Babilonia en los objetos de marca que creamos.

Nosotros:

-conducir vehículos llamados Tauro, Aries, Carnero, Mercurio y Saturno.

-ver un canal de televisión con un ojo observante.

-admirar una cara sonriente en un sol.

-comer en los arcos dorados o tomar café en una tienda que utiliza un logotipo de una mujer con una corona y una estrella.

-comer los dulces "Mars" o "Milky Way".

-ciudades de nombre Phoenix, Oracle, la "ciudad de los ángeles" Los Ángeles, o un nombre de un santo (por ejemplo, Saint Louis, etc.).

-construir edificios imponentes, deleitarse con la Estatua de la Libertad, idear planes de guerra en un edificio en forma de Pentágono, maravillarse con el obelisco Monumento a Washington y otros monumentos, y pensar que nada está mal con una estatua de un toro en Wall Street.

¿Tenemos ahora alguna duda de por qué un obelisco egipcio traído a Roma por el emperador Calígula se encuentra en el patio del Vaticano? Los medios de comunicación y el entretenimiento muestran a la Iglesia Católica como la única iglesia. Nuestros líderes o políticos católicos todavía reconocen al Papa como la autoridad religiosa en el mundo.

Nuestros jueces llevan túnicas negras y nos juzgan desde sus "cámaras" en edificios con estatuas y tallas de ídolos.

Hemos permitido que las creencias babilónicas entren a nuestras iglesias, no para honrar a Dios, sino para honrar a Misterio Babilonia. Cualquiera que se tome un momento para mirar a su alrededor verá cómo ella ha control en nuestras vidas y en todo el mundo, para alejarnos de que Dios dándonos nos da Su reino espiritual.

¿Cómo Honor las Iglesias Religiosas a Misterio Babilonia?

Miércoles de Ceniza: El Papa Gregorio trajo esta tradición pagana a su iglesia. Simbolizó una marca para comenzar un ayuno de cuarenta días durante la Cuaresma pagana.

Algunos afirman que el roce de ceniza negra en la frente o la mano proviene de la marca de la bestia en Apocalipsis, sin embargo, es un signo de desobediencia. La marca ocurre a pesar de que Jesús nos dice que no hagamos ninguna expresión externa si ayunamos, ¡solo que nos lavemos la cara!

Pero tú, cuando ayunas, unta tu cabeza, y lava tu rostro; Que no le muestres a los hombres que ayunas, sino a tu Padre, porque es un secreto, y tu Padre, que ve en secreto, te recompensará abiertamente.

– Mateo 6:17–18

Cuaresma: Este enredo está en varias doctrinas y creencias falsas. Ninguna de las doctrinas de la Cuaresma está en la Biblia, ni Jesús nos las ordenó. La principal doctrina falsa es que como Jesús ayunó durante cuarenta días, entonces nosotros también.

Los fundamentos de la Cuaresma alegan que proviene de un dios antiguo llamado Tammuz (más tarde, Adonis de la mitología griega y Osiris de la mitología egipcia). Fue un dios de la agricultura que murió, y la reina del cielo, Ishtar, lamentó su muerte a principios de la primavera durante cuarenta días hasta que volvió a la vida de nuevo. Los judíos desobedientes también participaron en el luto:

Entonces me llevó a la puerta de la casa del Señor que estaba hacia el norte; y he aquí, allí se sentó mujeres llorando por Tammuz.

– Ezequiel 8:14

Esta religión pagana también se convirtió en un culto materno-hijo, duplicado en casi todas las mitologías paganas con una diosa femenina, incluso María como la "Madre de Dios" en la Iglesia Católica Romana.

Viernes Santo y Pascua: Cualquier niño puede hacer las matemáticas sin un título de seminario y averiguar si el entierro de Jesús fue por tres días y tres noches, algo está mal.

Porque como estuvo Jonás en el vientre del la ballena tres días y tres noches, así estará el Hijo del Hombre en el corazón de la tierra tres días y tres noches.

– Mateo 12:40

Si la crucifixión de Jesús fue un viernes, entonces su entierro fue de sólo dos días y noches.

En primer lugar, el Viernes Santo y la Pascua no tienen nada que ver con la crucifixión de Jesús ni con Su resurrección. Tienen todo que ver con la celebración pagana del equinoccio de primavera, cuando el sol cruza el ecuador, y el día y la noche son iguales de tiempo. Los paganos comenzaron sus festividades de fertilidad el primer día de primavera cuando el sol trajo su poder a los cultivos nacimiento en los campos.

Una vez más, tenemos que mirar hacia atrás hacia Constantino para averiguar cómo comenzó la Pascua. Él ordenó la Pascua (no la resurrección de Jesús) como el primer domingo después de la primera luna llena después del equinoccio de primavera.

Entonces, ¿por qué la falsa iglesia romana seleccionó el Viernes Santo y la Pascua?

Venus es el nombre romano de la diosa griega Afrodita, y es adorada el viernes. O ella convirtió en un pez o se disfrazó de pez para escapar de un monstruo. En cualquier caso, la historia se desarrolló dentro de la constelación de Piscis (Zodíaco signo del de los peces). El equinoccio de primavera ocurre en la constelación de Piscis.

Después de la muerte de Jesús, estábamos en el signo astrológico místico de el peces, Piscis. La religión organizada adoptó el símbolo de un pez, y la iglesia pagana romana instruye a sus sin saberlo seguidores a comer peces el viernes para honrar a Venus.

Durante el Primer Consejo de Nicea, el interés de Constantino era armonizar las diferentes creencias religiosas dentro de su imperio.

Él, junto con el Imperio Romano, adoraba al dios del sol, 'Sol', el domingo, incluyendo a otros dioses durante toda la semana. El rituales ritos de primavera de adoración fueron como la renovación de la vida. Sólo tenía sentido para Constantino adorar estos ritos junto con la crucifixión y resurrección de Jesús de viernes a domingo.

Pero, para contar durante tres días y noches, Jesús tenía que estar en la tumba para el jueves. La Biblia dice que los judíos lo querían enterrado antes del día de reposo, lo que habría ocurrido un sábado. Dios declaró el sábado no como un día de adoración, sino como un día de descanso o *sin trabajo* para su pueblo.

Pero hubo otros días de reposo o días de no trabajo (convocaciones santas) Que su pueblo tenía que honrar. Estos sábados eran las fiestas del Señor.

Estas son las fiestas del Señor, incluso las convocaciones santas, que proclamarán en sus estaciones. En el decimocuarto día del primer mes al anoche es la Pascua del Señor. Y el día quince del mismo mes es la fiesta de los panes sin levadura para el Señor: siete días debéis comer pan sin levadura. En el primer día tendréis una santa convocación: no haréis trabajo servil en ella.

– Levítico 23:4–7

Hablen a los hijos de Israel, diciendo: En el séptimo mes, en el primer día del mes, tendréis un día de reposo, un recuerdo de soplado de trompetas, una santa convocación. No haréis ninguna obra servil en ella, pero ofreceréis una ofrenda hecha por fuego al Señor.

– Levítico 23:24–25

El versículo 5 en el primer ejemplo de los anteriores dice que la Pascua ocurre en la noche del decimocuarto día del primer mes. Al día siguiente comienza la fiesta del pan sin levadura, a partir del decimoquinto, y su pueblo no debía hacer ningún trabajo en este día. Tenemos que aclarar esto ya que la crucifixión no ocurrió en nuestro primer mes, enero. Los judíos usaban un calendario lunar que difería del calendario romano. Nisán fue el primer mes judío y ocurrió en el calendario romano en marzo.

Vemos en los versículos anteriores que el día después de la Pascua fue un día de reposo sin trabajo en la fiesta del pan sin levadura. Los judíos querían a Jesús fuera de la cruz antes de que comenzara esta fiesta del pan sin levadura y no a sábado Sabbath.

Dependiendo de qué calendario se use, esto significa que Jesús estuvo en la tumba el jueves y su noche, el viernes y su noche, y el sábado y su noche. La Biblia no dice que fueran días o noches completas.

Dos testigos también mencionaron y verificaron que la crucifixión de Jesús ocurrió el jueves.

Ahora, el primer día de la semana, muy temprano en la mañana, llegaron al sepulcro, trayendo consigo las especias que habían preparado, y algunos otros con ellos. Y encontraron la piedra tirada lejos del sepulcro. Y entraron, y no encontraron el cuerpo del Señor Jesús.

– Lucas 24:1–3

Y he aquí, dos de ellos iban el mismo día a una aldea llamada Emaús, que estaba a sesenta estadios de Jerusalén. E iban hablando entre sí de todas aquellas cosas que habían acontecido.

Sucedió que mientras hablaban y discutían entre sí, Jesús mismo se acercó, y caminaba con ellos. Mas los ojos de ellos estaban velados, para que no le conociesen.

– Lucas 24:13–16

Entonces él les dijo: ¿Qué cosas? Y ellos le dijeron: De Jesús nazareno, que fue varón profeta, poderoso en obra y en palabra delante de Dios y de todo el pueblo;Y cómo le entregaron los principales sacerdotes y nuestros gobernantes a sentencia de muerte, y le crucificaron.

Pero nosotros esperábamos que él era el que había de redimir a Israel; y ahora, además de todo esto, <u>hoy es ya el tercer día que esto ha acontecido.</u> (subrayado añadido)

– Lucas 24:19–21

Era el tercer día (domingo) *desde*, o después, de la crucifixión. Por lo tanto, el viernes habría sido el primer día desde que ocurrió la crucifixión ese jueves, el sábado sería el segundo día, y el domingo el tercer día después de la crucifixión cuando estaban hablando con Jesús resucitado.

Los judíos celebraban su Pascua con la asar y el consumo de un cordero. La sangre derramada de Jesús lo transformó en el cordero de la Pascua.

Jesús y los discípulos le no dijeron a nadie que celebraran su resurrección el domingo. Lo que Jesús hizo durante su última cena con sus discípulos en su Pascua fue cambiar el comer un cordero por una comunión. Nuestra Comunión conmemora a Jesús a de la ruptura (comer) del pan (su cuerpo) y beber de vino (su sangre derramada por nosotros).

Esto es lo que Jesús nos instruyó a hacer en nuestra cena: romper el pan y beber vino, recordando lo que hizo por nosotros en la cruz. Las Iglesias han distorsionado esta comunión personal de recuerdo, ya que sólo ellos pueden llevar a cabo la Comunión en su iglesia.

Muchas personas y familias oran a la hora de la cena, comiendo pan y, algunos, bebiendo vino, pero ¿recordamos la muerte y resurrección de Jesús?

No debemos abrazar los ritos paganos romanos ni a Misterio, Babilonia para adorar el amanecer en Pascua ni introducir a nuestros hijos en los engaños de los ritos paganos de fertilidad con un conejo de Pascua y huevos decorados.

Adviento y Navidad: Estos ritos religiosos involucran a los dioses romanos Saturno y Mitra. Adviento en el las iglesias disfrazan esto honrando la anticipación de la Navidad, o la Misa de Cristo Católico.

Los romanos celebraban el adviento como Saturnalia y anticipaban la coronación del rey de Saturnalia. Incluía el Solsticio de Invierno, cuando el sol "nació" y comenzó su ruta hacia el norte para calentar el Imperio Romano. Saturnalia duraba del 17 al 30 de diciembre en el calendario romano. Comenzó con un sacrificio en el templo de Saturno.

Mitra fue un dios del sol de Persia que los militares romanos adoptaron durante sus guerras, y adoraron su nacimiento el 25 de diciembre, como su dios sol. Para llevar a los paganos a la iglesia romana, rápidamente vincularon el nacimiento del Hijo de Dios al nacimiento de un dios sol. De hecho, una estatua de Mitra se encuentra en la biblioteca del Vaticano.

No sólo es absurda la adoración de Saturnalia y Mitra, sino también el nacimiento de Jesús el 25 de diciembre. Los judíos y primeros cristianos nunca celebraron sus propios cumpleaños ni los de nadie más. Sólo la realeza pagana celebraba los cumpleaños. Los judíos consideraban sus cumpleaños como malditos, probablemente de todo el sufrimiento sin fin que sufrieron por la infidelidad hacia Dios durante sus vidas.

Nadie sabe con certeza cuándo nació Jesús, pero no fue en pleno invierno, ya que los pastores todavía estaban en los campos por la noche con sus ovejas. No habría habido razón para tener ovejas por la noche en pleno invierno. Además, se realizó un censo romano (José y María viajaron a Belén para esto), que no habría ocurrido en el invierno.

Los romanos celebraron la fiesta de Saturnalia como "días locos". Después del sacrificio a Saturno, hubo un gran banquete, un rey de Saturnalia coronado, regalos intercambiados, juegos de azar, mucha bebida y juergas, y los maestros le servían a sus sirvientes (tiempo libre del trabajo). También cerraron oficinas públicas y escuelas.

La Misa de Cristo (Navidad) no tiene nada que ver con el nacimiento de Jesús. Es del Imperio Romano revivido, disfrazado de la Iglesia Católica Romana, celebrando un adviento del Rey de Saturnalia, la adoración de Saturno y Mitra.

¿Debemos engañar a nuestros hijos presentándolos a un Santa Claus pervertido que les dice a los niños que se sienten en su regazo y recibirán un juguete? ¿Necesitamos un terrorista que asuste a los niños con una canción ritual?

> Más vale que tengas cuidado,
> mejor que no llores,
> mejor que no hagas pucheros...
> Santa Claus viene a la ciudad.
> Te ve cuando duermes,
> sabe cuando estás despierto,
> sabe si has sido malo o bueno,
> así que sé bueno por de la bondad dios.

Los niños conectan subconscientemente a un Santa Claus temeroso con Jesús, a quien no deben temer. Este engaño estará arraigado en nosotros hasta que podamos hacer la desconexión, y tenemos que dejar de mentirles a nuestros hijos.

Una vez que nos despertemos de nuestro engaño, y entendamos lo que está sucediendo, veremos a Misterio Babilonia viva y bien en nuestras iglesias y controlando nuestras vidas. Dios advirtió a siete iglesias hace dos mil años, y tenemos que hacerle caso a su advertencia hoy.

Por lo tanto, cuando Juan recibe de Misterio, Babilonia revelación, Dios nos dice que salgamos.

Y oí otra voz del cielo, que decía: Salid de ella, pueblo mío, para que no seáis partícipes de sus pecados, y que no recibéis de sus plagas. Porque de sus pecados han llegado al cielo, y Dios ha recordado sus iniquidades.

– Apocalipsis 18:4–5

¿Cómo Podemos Saber Cuál Es La Iglesia Verdadera?

Él [Jesús] *les dijo: Y vosotros, ¿quién decís que soy yo? Respondiendo Simón Pedro, dijo: Tú eres el Cristo, el Hijo del Dios viviente. Entonces le respondió Jesús: Bienaventurado eres, Simón, hijo de Jonás, porque no te lo reveló carne ni sangre, sino mi Padre que está en los cielos. Y yo también te digo, que tú eres Pedro, y sobre esta roca edificaré mi iglesia; y las puertas del Hades no prevalecerán contra ella.* [agregado por el autor]

– Mateo 16:15–18

Estos son los versículos que la falsa iglesia utiliza para mostrar que Pedro fue el primer Papa y la iglesia romana fue construida sobre él. Pero una vez más están distorsionando lo que la Palabra está diciendo.

No dice que Jesús construirá su iglesia sobre Pedro, sino sobre "esta roca". ¿Qué es "esta roca"? Jesús dijo carne y la sangre no habían revelado a Pedro quién era Jesús, sino el Padre en los cielos. Simón se convirtió en una roca (Pedro) con su revelación de Dios, no a través de una persona o religión, sólo el Padre revelando a Jesús a Pedro.

Si el Padre nos revela a Jesús, ¿no nos convertiríamos en una roca en nuestro espíritu?

Somos la verdadera iglesia; a quien el Padre revela Jesús a convertirá en una roca, y las puertas del infierno no prevalecerán contra él o nosotros.

Hay uno cuerpo, y uno Espíritu, así como sois llamados en uno esperanza de vuestro llamamiento; Un Señor, una fe, un bautismo, un Dios y Padre de todos, que está por encima de todo, y a través de todos, y en todos ustedes.

– Efesios 4:4–6

Así es como la iglesia del NT podía hacer frente a los falsos líderes y torturadores del templo, sabiendo que era posible que pudieran ser ejecutados.

Creer puede ser difícil debido a nuestra exposición a las prácticas místicas engañosas que nos alejan del Jesús no creado. Pero Jesús no nos dejó solos. Recuerden, Juan Bautista dijo que Jesús bautizaría a un creyente con el Espíritu Santo *y* con fuego.

Dios, en el Antiguo Testamento, demostró sin lugar a dudas que, sin importar lo que hiciera, nuestra naturaleza malvada no podía amar ni existir con él. Siempre nos alejamos de nuestra cura de la muerte eterna hacia la destrucción. Los falsos líderes judíos negaron a Jesús y sus advertencias y se quedaron con los falsas doctrinas religiosas.

Jesús advirtió de la destrucción venidera de el templo:

Y al salir del templo, uno de sus discípulos le dijo: Maestro, ¡vea qué clase de piedras y qué edificios hay aquí! Jesús, respondiendo, le dijo: ¿Ves estos grandes edificios? No quedará una piedra sobre otra, que no será arrojada abajo .

– Marcos 13:1–2

Esto ocurrió durante las guerras judías en el 66-70 d.c. Con la inminente destrucción de Jerusalén y el templo e innumerables judíos muertos de hambre, crucificados, esclavizados por los romanos o deportados, la iglesia bautizada por el Espíritu se mantuvo como faros en el mundo para el reino de Dios antes de la destrucción.

Los falsos judíos negaron que Jesús fuera su salvador prometido por el AT. Ellos no creían que Su Espíritu-reino pudiera vivir dentro de nosotros y entonces existiríamos en paz con Dios.

El bautismo de fuego en los apóstoles les dio un valor eterno. Les inculcó diferentes lenguas, junto con otros dones, permitiendo su enseñanza y servir a diferentes dialectos en el imperio (Hechos 2). Los apóstoles hablaron con valentía frente a los líderes judíos y romanos, enseñando que podían recibir el bautismo por medio de Jesús resucitado.

Nosotros también podemos tener el Espíritu Santo y el fuego (valentía y dones espirituales). Están disponibles para todos los que creen.

Entonces Jesús les dijo otra vez: Paz a vosotros. Como me envió el Padre, así también yo os envío. Y habiendo dicho esto, sopló, y les dijo: Recibid el Espíritu Santo.

– Juan 20:21–22

Cuando llegó el día de Pentecostés, estaban todos unánimes juntos. Y de repente vino del cielo un estruendo como de un viento recio que soplaba, el cual llenó toda la casa donde estaban sentados; y se les aparecieron lenguas repartidas, como de fuego, asentándose sobre cada uno de ellos. Y fueron todos llenos del Espíritu Santo, y comenzaron a hablar en otras lenguas, según el Espíritu les daba que hablasen.

– Hechos 2:1–4

Le dijo Jesús: Yo soy la resurrección y la vida; el que cree en mí, aunque esté muerto, vivirá. Y todo aquel que vive y cree en mí, no morirá eternamente. ¿Crees esto? Le dijo: Sí, Señor; yo he creído que tú eres el Cristo, el Hijo de Dios, que has venido al mundo.

– Juan 11:25–27

¿Creemos esto? Tenemos que pedirle al Padre que nos dé pruebas de Jesús.

Tenemos que tomar una decisión de calidad; o Dios vino a nosotros como Jesús, o no lo hizo.

Jesús vino a salvarnos de nuestra enfermedad eterna para que podamos regresar a Él y vivir para siempre, o no lo hizo.

Dios resucitó a Jesús de entre los muertos, o no lo hizo.

Ahora es el momento de creer y bautizarse en Su Espíritu.

Respondió Jesús y le dijo: El que me ama, mi palabra guardará; y mi Padre le amará, y vendremos a él, y haremos morada con él.

– Juan 14:23

El Imperio Romano y la Población Judía

Antes de profundizar en el Apocalipsis, debemos mirar más profundoen en parte de la historia de los judíos hasta nuestros tiempos.

Durante el primer siglo d.c., hubo disturbios en el templo con los líderes judíos; los fariseos, los saduceos y el consejo de Sanedrín estaban discutiendo con qué doctrinas y leyes esclavizar a sus seguidores. Entonces los Zealots trajeron su agresión contra los romanos al templo.

A medida que esto y el desarrollo de problemas con los romanos y otros surgieron, los líderes judíos formaron el militante Gobierno Libre de Judea. Siete sacerdotes se convirtieron en generales y llevaron a los judíos a defender de las hostilidades al templo, Jerusalén y otras ciudades y aldeas.

Al principio, los generales tuvieron éxito en mantener a raya a sus atacantes, deteniendo algunos asaltos. Pero, en tres años y medio, los ejércitos de Roma superaron a Israel, el templo y Jerusalén.

No hay duda de que los romanos se encuentran en la cima de imperios despiadados. Ellos promulgaron los peores castigos y torturas imaginables y luego masacraron a los condenados a través de la crucifixión. Las víctimas a menudo sufrían días de dolor insoportable y luego una asfixia lenta al colgar de una cruz o estaca hasta que estuvieran muertas.

Cuando Dios metió la esencia de su ser en nuestro mundo para formar a Jesús, dijo poco de la crueldad del Imperio Romano y mucho acerca de los falsos líderes religiosos del templo judío. Jesús los vio como los más malvados.

Mas ¡ay de vosotros, escribas y fariseos, hipócritas! porque cerráis el reino de los cielos delante de los hombres; pues ni entráis vosotros, ni dejáis entrar a los que están entrando.¡Ay de vosotros, escribas y fariseos, hipócritas! porque devoráis las casas de las viudas, y como pretexto hacéis largas oraciones; por esto recibiréis mayor condenación.

– Mateo 23:13–14

Es interesante notar que César Augusto era el emperador romano cuando Jesús vino a nuestro mundo. Augusto era el hijo adoptivo de Julio, que anteriormente había sido elevado a la posición de un dios (César). Por lo tanto, Augusto tomó el título adicional *hijo de dios*. Los discípulos de Jesús, demonios y otros más tarde identificarían a Jesús como el verdadero Hijo de Dios. Esta es una de las razones por las que los romanos odiaban a los seguidores de Jesús.

El gobierno romano siempre estuvo en flujo; sin embargo, sus militares eran bastante capaces de conquistar países extranjeros y adoptar a sus dioses como los suyos. Además, el imperio había intercambiado los nombres de los dioses griegos con sus propios nombres. Augusto construyó y palacios y templos restaurados para cada uno de los dioses para dar a los ciudadanos un lugar seguro para su adoración pagana.

Como había muchos dioses para adorar, con Césares como los dioses superiores a los que rendir tributo, los romanos (al principio) se preocupaban poco por el monoteísta (un solo Dios) que los judíos esclavizados adoraban. Pero esto eventualmente cambiaría cuando los apóstoles y sus conversos bautizados por el Espíritu declararan a Jesús como su Dios, sólo para soportar siglos de persecución antes de que los romanos aceptaran el cristianismo religioso como una religión adicional bajo sus términos.

El Imperio Romano existía bajo un sistema de clases donde la élite romana disfrutaba de más libertades, riquezas y opciones que la clase inferior o esclavos. Se realizaron censos para establecer quién y cuántas personas estaban bajo qué clase. A su vez, un sistema tributario determinó cuál era la obligación de cada persona de pagar impuestos por las carreteras y la paz relativa, seguridad religiosa y el disfrute de sus libertades, de tenerlas. (¿Es una coincidencia que los romanos construyeran sus caminos justo antes de que los apóstoles los utilizaran para difundir las buenas nuevas de Jesús resucitado al mundo?)

Los judíos, al principio, consideraban el pago de tributo a los Césares un pecado, y para empeorar las cosas, los judíos consideraban al recaudador de impuestos como judío un traidor y lo odiaban como al peor de todos los pecadores.

El impuesto romano sobre los judíos era arbitrario; sin embargo, los cobradores a menudo extorsionaban muchos más en impuestos de lo que se debía y se quedaban con el exceso. Además, estaba el impuesto del templo que se tenía que pagar a los líderes del templo y por el mantenimiento del templo. Y en lugar del templo ayudando a los pobres con sus necesidades o deseos, Jesús señaló que incluso tomaría sus últimos dos centavos.

Y llegó una viuda pobre, y tiró dos ácaros, que hacen una farthing. Y él le llamó a sus discípulos, y les dijo: De cierto os digo: Esta pobre viuda ha echado en más, que todos los que han echado al tesoro: Por todo lo que echaron en su abundancia; pero ella de su deseo hizo echar en todo lo que tenía, todo su sustento.

– Marcos 12:42–44

Los soldados romanos vagaban entre los judíos, y cualquier revuelta o falta de respeto hacia Roma, los soldados les respondían inmediatamente con azotes con púas, encarcelamiento o crucifixión.

Debido a los impuestos sofocantes, la crueldad de los soldados romanos y el desacuerdo con los líderes del templo, un grupo de judíos llamados los Zealots se levantó los líderes del templo contra el ejército romano. Había muchas facciones Zealot en el imperio que atacaron a los campos militares, sus barcos y líneas de suministro. Desde el punto de vista romano o externo, es debido a los Zealots que las torturas y los asesinatos de los judíos ocurrieron. Los Zealots más tarde atacaban su propio templo y las aldeas por toda su tierra.

Después de las guerras de 66-70 d.C. y una siguiente revuelta en Masada entre los años 70 y 74 d.C., hubo una última revuelta judía. Los judíos restantes tomaron el control de su ciudad una vez más durante este período de revuelta de unos tres años y medio (132-135 d.C.) durante el gobierno del emperador Adriano.

Después de la matanza de otros miles de judíos durante esta última revuelta, y muchos esclavizados o deportados,

Adriano eliminó cualquier referencia a los judíos y cambió el nombre de su tierra a Palestina.

Excepto por un breve período de control persa (iraní), el Imperio Romano gobernó sobre la tierra hasta alrededor de 638 d.C. Una nueva religión anticristo iniciada por Mahoma estalló en Arabia. Después de la muerte de Mahoma, un musulmán llamado Ali causó una división con los seguidores en dos facciones. A pesar de las continuas luchas internas (que todavía continúan hoy en día), se unieron bajo el Islam. El lado militante se apoderó de Jerusalén, y la religión islámica se extendió por todo el imperio.

Muhammad había adoptado al dios de la luna mesopotámica, Sin (el más grande de todos los dioses), que los árabes llamaban Allah. Un emblema de luna creciente fue el de este dios, y el Islam lo usó como una bandera en su religión.

La religión Islámica conquistadora toleraba un poco a los judíos y cristianos, siempre y cuando se convirtieran al Islam o pagaran un impuesto sofocante (Jizya). Muchos judíos y cristianos huyeron a otros países.

Alrededor del 1100 d.C., la Iglesia Católica Romana inició las Cruzadas para retomar el control de Jerusalén, lo que resultó en la matanza de miles de musulmanes y judíos. Los musulmanes y la iglesia católica lucharon de un lado a otro para que se controlaran. Esto dejó la tierra en ruinas y desierta, y sólo unas pocas personas, que vivían en pobreza extrema, permanecieron. El imperio otomano más tarde reclamaría la tierra hasta su derrota en la Primera Guerra Mundial.

Alrededor de 1880, los judíos comenzaron su lento regreso a Palestina, y sus líderes intentaron que otros países reconocieran a Palestina como Israel una vez más. La inmigración continuó, junto con el Islam regresando a la zona. Después de la Primera Guerra Mundial, los británicos y franceses dividieron a Medio Oriente bajo su control. A pesar de unos años de paz relativa, los judíos y los árabes islámicos lucharon constantemente por la tierra y los derechos. Cuando la Alemania nazi llegó al poder con su bien publicitado odio por los judíos, los árabes estaban listos para alinearse con Alemania. Los nazis entonces proporcionaron armas a los árabes, y las escaramuzas continuaron con los judíos hasta que los británicos fueron atacados y terminaron con los levantamientos árabes.

Cuando comenzó la Segunda Guerra Mundial, los judíos se alinearon con Gran Bretaña, y muchos judíos se unieron al ejército británico. Al final de la guerra, las recién formadas Naciones Unidas (ONU) establecieron terrenos que separaban a los judíos y árabes palestinos. En 1948, los judíos reclamaron su soberanía a la ONU como Israel una vez más, que la ONU (bajo la presión de los EE.UU.), aceptó a regañadientes. Los árabes, y otros, rechazaron su afirmación, y los países árabes controlados por los islámicos proclamaron su derecho a destruir al estado judío.

Después de que los judíos declararon a Israel como su hogar de nuevo, cientos de miles de judíos emigraron de los países circundantes y fueron recibidos. En cambio, cuando miles de árabes quisieron emigrar de Palestina/Israel a los países árabes, los gobiernos los colocaron en campos de refugiados en las fronteras de Israel, manteniendo su identidad palestina incluso hoy en día. Estos palestinos, en lugar de dirigir su odio hacia los países que los rechazaron, atacan diariamente a Israel.

Durante la revuelta judía en el año 66, Jerusalén se dividió en tres sectas antes de que Roma y otros países pudieran tomar la ciudad. Así es como hoy los judíos, cristianos e islámicos ocupan la tierra. Justo es como los países hostiles rodearon a Israel, es igual hoy en día.

A pesar de varios tratados de paz debilitados que ya existen, sigue siendo el plan que los palestinos y los países controlados por los islámicos eliminen a Israel del mapa. A medida que los principales países del mundo se alinean para la guerra apoyando a Israel o a los países controlados por los islámicos (que se está construyendo ahora), parece que el tiempo se está acercando al juicio final.

Esta es otra profecía que se hizo realidad del AT de la Biblia, que dice que aunque Dios le quitara Israel a los judíos y su tierra estuviera desierta, la restauraría para ellos una vez más.

Y diles: Así dice el Señor Dios; He aquí, tomaré a los hijos de Israel de entre los paganos, donde se hayan ido, y los reuniré por todos lados, y los traeré a su propia tierra:

Y los haré una nación en la tierra sobre las montañas de Israel; y un rey será rey para todos ellos, y no serán más dos naciones, ni se dividirán en dos reinos más en absoluto. (Véase también Joel 2)

– Ezequiel 37:21–22

A pesar de muchos críticos que afirman que la Biblia es una fábula, nadie puede negar esta profecía, que sucedió en nuestra historia reciente.

A pesar de lo que los maestros religiosos engañados predican hoy, no habrá tribulación de siete años, un falso profeta o persona del revivido Imperio Romano como un anticristo conquistador.

La gran tribulación comenzó cuando Jesús se fue aproximadamente en el 33 d.c., el espíritu del anticristo apareció después de su resurrección, y la falsa iglesia romana comenzó más tarde como el Imperio Romano revivido. Esto ha estado sucediendo durante dos mil años como la gran tribulación.

Jesús advirtió a los judíos en persona de su destrucción venidera. Pero no tendremos tanta suerte cuando regrese por última vez para destruir a Misterio, Babilonia, y Dios revele ru reino una vez más.

Pero el día del Señor vendrá como ladrón en la noche; en el cual los cielos pasarán con grande estruendo, y los elementos ardiendo serán deshechos, y la tierra y las obras que en ella hay serán quemadas.

— 2 Pedro 3:10

Prepararse para Entender el Apocalipsis

Apocalipsis es un libro único en la Biblia. La mayoría de la gente no tiene ni idea de lo que significan los símbolos y lo que nos están diciendo. Los judíos del siglo I que habían aprendido el AT se sabían los símbolos de memoria. Está claro que el Apocalipsis utiliza el simbolismo para que los oyentes puedan aprenderlo bajo las narices de los perseguidores o sin represalias de las "bestias".

Los símbolos no son comprensibles para nosotros sin conocer el AT y la historia judía y de otra época. El simbolismo demuestra que el Apocalipsis es la profecía del AT, que describe la destrucción de la era del templo del AT, y la restauración del reino de Dios dentro de nosotros en el Espíritu de Jesús.

Sin embargo, muchos han utilizado suposiciones e imaginación, al igual que los científicos que ya conocen las respuestas, para escribir libros de nuestros últimos días a partir de escrituras retorcidas. La profecía bíblica y el Apocalipsis tienen poco que revelar en cuanto a estos días.

Lo que nuestro libro enseña es lo que los investigadores etiquetan de *preterista*, en lugar de *futurista*. Los preteristas enseñan que al usar la profecía del AT y la historia registrada, la mayor parte de o todo el Apocalipsis ocurrió poco después de la resurrección de Jesús. Los futuristas afirman que la profecía bíblica del Apocalipsis, Jesús y sus apóstoles cuentan lo que sucederá al final de nuestra existencia actual. Se aprovechan de las personas que desean que la Revelación se desarrolle durante sus vidas.

Lo curioso es, ¿por qué Jesús, los apóstoles, Daniel, o Apocalipsis enseñarían sobre el fin de nuestro tiempo a los judíos y gentiles de la época? ¿Cómo podrían ellos posiblemente preocuparse los eventos dos mil años en su futuro? ¿No sería más importante conocer los horrores que pronto vendrían a *sus* vidas y el fin de su mundo o época del sistema de templos del AT?

Nada de esto importa, ya que demostramos sin lugar a dudas que la visión preterista de la profecía y el Apocalipsis es, por mucho, la más precisa.

Hay un estilo de escritura llamado quiástico que puede variar de simple a complejo. Algunas personas escriben o hablan de esta manera, y la Biblia tiene versículos que muestran este estilo. Algunos afirman que la Biblia es un quiasmo.

En la escritura quiástica, una persona escribe una oración, párrafo o más y luego la escribe en forma espejada o reflexiva. Por ejemplo, "Cuando las marcha se ponen difíciles, lo difíciles se pone en marcha". Y como Jesús dijo,

También les dijo: El día de reposo fue hecho para el hombre, y no el hombre para el día de reposo.

– Marcos 2:27

Algunas personas ven el Apocalipsis como un quiasmo, y dudan que Juan pudiera escribirlo sin inspiración divina. No profundizamos en si la Biblia o el Apocalipsis es un quiasmo por desacuerdos en la terminología . Sin embargo, lo siguiente les permitirá una visión general similar del Apocalipsis.

Muestra que los temas de la primera parte de Apocalipsis se reflejan desde diferentes perspectivas en la segunda mitad.

a. Introducción (Cap. 1)

b. Siete iglesias: Jesús contrasta inclusión pagana con Su reino (Cap. 2–3)

c. Siete sellos (Cap. 4)

d. Las 144.000 y siete trompetas (Cap. 7)

e. Dos testigos (Cap. 11)

f. Mujer y el sol (Cap. 12)

g. El dragón (Lucifer) en cielo (Cap. 12)

h. La mujer huye al desierto (Cap. 12)

i. Lucifer como Satanás expulsado (Cap. 12)

h. La mujer vuela al desierto (Cap. 12)

g. El dragón persigue a la mujer (Cap. 12)

f. La semilla de la mujer guarda los mandamientos de Dios y el testimonio de Jesús (Cap. 12)

e. Dos bestias (Cap.13)

d. Los 144.000 y los Siete Ángeles (Cap. 14, 15)

c. Siete tazones (Cap. 15, 16)

b. Siete ángeles: contraste entre las rameras y la Nueva Jerusalén (Cap. 17, 22)

a. Epílogo (Cap. 22)

El comienzo del Apocalipsis explica que es una advertencia para las siete iglesias. Algo está a punto de suceder, entonces tenemos que averiguar lo que significan los símbolos, que el libro define a sí mismo o en otros lugares de la Biblia. Los principales símbolos, que mostramos y explicamos son:

-El juicio es fuego, nubes, oscurecimiento de la luna del sol, humo, estrellas cayendo.

-Más tarde

-Roma y el imperio son el mar.

-La bestia marina es César.

-Israel es la tierra.

-Jerusalén-templo es la Tierra bajo el juicio de la destrucción.

-La bestia de Tierra es un rey nombrado por César sobre los judíos.

-Misterio Babilonia es el antiguo sistema de creencias paganas traído a Jerusalén y el templo.

-El sistema de templos del AT termina, y la novia se reveló como los cristianos bautizados por el Espíritu con ropa blanca.

Cuando nos referimos a estas descripciones de símbolos, Apocalipsis tiene sentido, ya que la historia registra el juicio de Dios. Juan es la persona a la que Dios dio acceso al reino espiritual y que nos documenta todas las cosas que vio y experimentó.

Los romanos exiliaron a Juan a la Isla de Patmos después de que los líderes judíos y los romanos no pudieran callarlo al enseñar la resurrección de Jesús en el NT. Aparentemente, los romanos intentaron ejecutarlo, pero milagrosamente no tuvieron éxito.

La mayoría de los religiosos modernos han dicho que Juan escribió el libro alrededor del año 95 d.c. porque algunos historiadores declararon que Juan estaba en Patmos durante el reinado del emperador Domiciano, de 81 a96 d.c. Podría ser posible que Juan todavía estuviera en Patmos entonces, pero lo más probable es que escribiera Apocalipsis antes de las Guerras Judías de 66-70 d.c.

Estos mismos religiosos afirman que Domiciano persiguió a los cristianos y, por lo tanto, a Juan, porque Juan dice que estaba "en tribulaciones". Sin embargo, la verdadera iglesia estaba en tribulaciones desde que Jesús se fue y todavía lo está hoy en día. Domiciano hizo ejecutar a muchos de su ejército y administración, y no a cristianos específicos.

Si Juan hubiese escrito Apocalipsis antes de las guerras judías, habría estado a finales de sus cincuenta o sesenta años. Si durante el reinado de Domiciano, Juan hubieses estado en sus últimos ochenta o noventa. Parece más probable que lo escribiera antes. Además, el ángel le dice a Juan que mida el templo, que no habría existido después del 70 d.C.

Los Futuristas han declarado que el libro se refiere a nuestros últimos días. Además, siguieron doctrinas falsas afirmando que durante estos últimos días habría una tribulación de siete años con un anticristo, un falso profeta y un Imperio Romano revivido a través de la Unión Europea. Nosotros mostraron cómo el Imperio revivido es la Iglesia Católica Romana. Filtraron sus interpretaciones de las

Escrituras a través de esas doctrinas falsas y retorcieron las Escrituras, para apoyar sus enseñanzas.

La iglesia romana gestionó estas falsas doctrinas del fin de los tiempos después de que John Wycliffe y otros las tradujeran la Vulgata Latina al inglés y más personas pudieran leer y entender lo que había en las Escrituras. Finalmente, los Reformadores enseñaron que la "ramera sobre la bestia" en Apocalipsis eran los papas del anticristo y la iglesia romana.

A primera vista, esta interpretación une a la falsa iglesia a esta descripción debido a sus místicos ritos religiosos e ídolos incorporados en su jerarquía eclesiástica. Sin embargo, son sólo una parte importante del sistema de creencias de los adoradores de ídolos de Babilonia. Sin embargo, para aliviar a la iglesia romana de los Reformistas ataques acusatorios de ramera o anticristo la falsa iglesia convocó el Concilio de Trento como contraataque.

Para mantener el renacimiento del Imperio Romano en crecimiento a pesar de las enseñanzas negativas de los reformistas, la militante Sociedad de Jesús, o Sacerdotes Jesuitas, se formó para convertir a la gente de muchos países al catolicismo. Uno de estos sacerdotes, llamado Francisco Ribera, creó una falsa doctrina que empujaría las profecías de Daniel y Apocalipsis hasta el final de nuestros tiempos, quitando el foco de la falsa iglesia como la ramera en la bestia.

La doctrina de Ribera se extendió entonces por toda Europa y, más tarde, con otras doctrinas falsas en los seminarios de todo el mundo. La mayoría de los líderes de la iglesia hoy en día todavía enseñan estas doctrinas falsas, adoptadas de la falsa iglesia.

En cambio, lo que descubriremos es que gran parte de Apocalipsis son diferentes perspectivas espirituales de la historia del AT de la época de Juan que muestran por qué el juicio era necesario.

En Levítico 26, después de que Moisés recibió los Diez Mandamientos, el Señor Dios le dijo a su pueblo cómo los bendeciría por medio de sus pactos. Entonces les dijo que el juicio que vendría si permanecían infieles. El final de este capítulo de Levítico dice casi lo mismo palabra por palabra sobre el juicio en Apocalipsis.

El propósito de los pactos es que Dios quería bendecir a su esposa espiritual, y si ella permanecía fiel a Él, lo haría. En cambio, ella cometió repetidamente adulterio espiritual, siguiente y adorando a ídolos inspirados en Babilonia, y sus dioses y diosas.

¿Puede una doncella olvidar sus adornos, o una novia su atuendo? sin embargo, mi gente ha olvidado me días sin número.

– Jeremías 2:32

Volvan, oh niños que retroceden, dice el Señor; porque estoy casado con vosotros, y os llevaré uno de una ciudad, y dos de una familia, y os llevaré a Sion.

– Jeremías 3:14

Seguramente como esposa se aparta traicioneramente de su esposo, así que habéis tratado con traición conmigo, oh casa de Israel, dice El Señor.

– Jeremías 3:20

Estos versículos no sólo nos ayudan a entender al AT, sino tmbién un tema importante de Apocalipsis, el juicio y la destrucción de Israel del divorcio. Los romanos y otros países destruyeron la mayoría de los muros de Jerusalén y sus templos. Sin embargo, los judíos también se destruyeron a sí mismos con los la lucha internay la hambruna.

Después de la destrucción del templo en el 70 d.C. (el fin de las profecías de Daniel), los romanos mataron y esclavizaron a aquellos que sobrevivieron o los deportaron a otros países.

Apocalipsis

Antes de que un jesuita pagano creara las falsas doctrinas del fin de los tiempos, muchos eruditos enseñaron que el Apocalipsis describía más o menos un contraste espiritual. Mostró a la ramera del AT Judíos/Israel y a la iglesia del NT o a la novia espiritual de Jesús, vestida con ropa blanca. Jesús liberó a su reino y Espíritu para que fueran creyentes bautizados. La mayoría de la gente nunca ha aprendido lo catastróficos que fueron estos acontecimientos en el cielo y la tierra.

Dios nos muestra siete (siete de los) juicios de destrucción traídos sobre la atierrizar (Israel) y la Tierra (Jerusalén) e islas (pueblos) y el mar (Imperio Romano). Primero vemos el plan y la preparación (apertura de siete sellos), luego el anuncio (siete trompetas), y finalmente, la ejecución vertido (siete cuencos de ira). También nos advierte de un sistema de falsas creencias sobre el mundo, Misterio Babilonia, y de cómo Su Espíritu inculcado en nosotros nos salva de las religiones engañosas.

Juan dice en el versículo inicial de Apocalipsis quién le está dando la información y cuándo ocurrirán los acontecimientos. Empecemos.

La Revelación de Jesucristo, que Dios le dio, para mostrar a sus siervos las cosas que deben suceder pronto; y lo envió y lo signifisó por su ángel a su siervo Juan.

– Apocalipsis 1:1

Juan dice que Jesús envió a un ángel (mensajero) para revelar su apocalipsis, "que pronto debe suceder." El ángel del Señor, o mensajero, le dará a Juan señales (o símbolos) de lo que sucedió dentro del reino espiritual de Dios para que pueda entender lo que está a punto de suceder, y luego revelarlo a sus siervos, las siete iglesias en Asia Menor.

Esta profecía es una bendición para quien la lea y la entienda y vuelve a enfatizar la cercanía de la profecía, "porque el tiempo está cerca".

Bienaventurado el que lee, y los que escuchan las palabras de esta profecía, y guardan las cosas que están escritas en ella, porque el tiempo está cerca. Juan a las siete iglesias que están en Asia: Gracia sea para vosotros, y paz, de aquel que es, y que fue, y que está por venir; y de los siete Espíritus que están ante su trono.

– Apocalipsis 1:3–4

Es claro que el mensaje de Apocalipsis va hacia las siete iglesias en Asia durante la época de Juan. Es evidente que pasó años construyendo y predicando a las iglesias en Asia (ahora Turquía), y el mensaje es para sus siervos (v. 1).

En el versículo 9, Juan dice que es un "compañero en la tribulación". Toda la verdadera iglesia fue compañera de tribulación, defendiendo su verdad contra gente como Simón Mago y otros, y todavía lo es hoy. Esto muestra el engaño que presentan las doctrinas falsas que enseñan Apocalipsis se refiere a nuestros últimos días y a los acontecimientos de una tribulación de siete años, a un anticristo, etc. , porque estos acontecimientos están a punto de suceder para que las siete iglesias sean testigos de ellos.

Entonces, ¿qué era tan importante que un ángel lleva a Juan al reino espiritual para mostrarle lo que debe escribir? Descubriremos que las iglesias estaban permitiendo que la inspiradas en Satanás adoración de ídolos místicos y desviaciones sexuales (espíritu de Jezabel o tal vez de Helena de Tyre) entraran en sus iglesias. Al confrontar a estas iglesias con advertencias, Dios mostrará lo que los judíos hicieron a lo largo de los siglos que está llevando a su fin a su ciudad y sus templo. Luego les muestra las bendiciones venideras si se arrepienten y permanecen fieles.

Juan comienza con algunas señales para presentarnos sus significados espirituales.

He aquí que viene con las nubes, y todo ojo le verá, y los que le traspasaron; y todos los parientes de la tierra se lamentarán a causa de él. Aún así, Amén.

– Apocalipsis 1:7

Y me volví para ver la voz que hablaba conmigo; y vi siete candeleros de oro.

– Apocalipsis 1:12

Tenía en su diestra siete estrellas; y de su boca salía una espada aguda de dos filos; y su rostro era como el sol cuando resplandece en su fuerza.

– Apocalipsis 1:16

Los primeros signos son nubes, siete candelero, siete estrellas y una espada afilada de dos filos. Los judíos ya sabían por el AT que cuando los profetas declararon el juicio como nubes que venían, era una señal de Dios de que los judíos estaban en problemas. Todos aquellos que tuvieran un papel en la perforación (crucifixión) de Jesús ahora experimentarían y lamentarían su juicio y sabrían que es Jesús llevando a cabo su destrucción en la tierra, Jerusalén.

Desde que Juan escribió Apocalipsis unos treinta años después de que Jesús se fuera, era cierto que muchos de los que lo crucificaron verían venir su juicio sobre ellos.

El juicio es nubes...

Los carros de Dios son veinte mil, incluso miles de ángeles: el Señor está entre ellos, como en el Sinaí, en el lugar santo.

– Salmos 68:17

Las nubes y las tinieblas están a su alrededor: la justicia y el juicio son la morada de su trono.

– Salmos 97:2

He aquí, subirá como nubes, y sus carros serán como un torbellino: sus caballos son más rápidos que las águilas. ¡Ay de nosotros! porque estamos mimados.

– Jeremías 4:13

Juan entonces explica las siete estrellas y las siete velas. La espada de dos filos es la Palabra de Dios, donde un lado revela la verdad a nuestro ser más íntimo y el otro lado es el juicio por no aceptar la verdad.

Las siete estrellas son los ángeles de las siete iglesias, y los siete candeleros que has visto, son las siete iglesias.

– Apocalipsis 1:20

Porque la palabra de Dios es rápida, poderosa y más afilada que cualquier espada de dos filos, perforando incluso a la división del alma y el espíritu, y de las articulaciones y la médula, y es un discernidor de los pensamientos y las intenciones del corazón.

– Hebreos 4:12

Para cada iglesia, veremos cómo su Palabra lo describe él, la espada divide lo que las siete iglesias están haciendo bien, y el mal, y las bendiciones si se arrepienten (alejarse de los rituales, reliquias y adoración de Babilonia). Jesús señalará las cosas buenas que cada una de las siete iglesias está haciendo, pero no tolerará que traigan en actividades paganas.

Lo que se señaló más adelante en Apocalipsis es que los judíos hicieron durante los siglos anteriores con su relación con Dios.

La verdadera iglesia debe prestar atención a estas serias advertencias si traemos religiones o sistemas de creencias babilónicos a nuestras iglesias y vidas.

Apocalipsis 2

Al ángel de la iglesia de Éfeso.

La descripción de Jesús:

Estas cosas dice el que sostiene las siete estrellas en su mano derecha, que camina en medio de los siete candelabros de oro.

– Apocalipsis 2:1

Lo bueno:

Conozco tus obras, y tu trabajo, y tu paciencia, y cómo no puedes soportar las que son malas, y las has probado que dicen que son apóstoles, y no lo son, y las has encontrado mentirosas: Y has soportado, y ten paciencia, y por el bien de mi nombre han trabajado, y no se han desmayado.

– Apocalipsis 2: 2–3

Lo malo:

Sin embargo, tengo algo contra ti, porque has dejado tu primer amor. Recuerda, pues, de dónde has caído, y arrepiéntete, y haz las primeras obras; o de lo contrario vendría a ti rápidamente, y quitaré tu vela de su lugar, a menos que te arrepientas.

Pero esto tienes, que odias las acciones de los nicolaítas, que también odio. *(Los nicolaítas eran una secta de gnósticos)*

– Apocalipsis 2:4–6

La bendición prometida si se arrepienten:

El que tiene oído, que oiga lo que el Espíritu dice a las iglesias; Al que venza le daré a comer del árbol de la vida, que está en medio del paraíso de Dios.

– Apocalipsis 2:7

Iglesia de Esmirna:
La descripción de Jesús:

Y escribe al ángel de la iglesia en Esmirna: El primero y el postrero, el que estuvo muerto y vivió, dice esto:

– Apocalipsis 2:8

Lo bueno:

Yo conozco tus obras, y tu tribulación, y tu pobreza (pero tú eres rico), y la blasfemia de los que se dicen ser judíos, y no lo son, sino sinagoga de Satanás. (Por lo tanto, el juicio se vino sobre los falsos judíos porque se convirtieron en la sinagoga de Satanás.)

– Apocalipsis 2:9

Lo malo:

No temas en nada lo que vas a padecer. He aquí, el diablo echará a algunos de vosotros en la cárcel, para que seáis probados, y tendréis tribulación por diez días.

– Apocalipsis 2:10

La bendición prometida:

Sé fiel hasta la muerte, y yo te daré la corona de la vida. El que tiene oído, oiga lo que el Espíritu dice a las iglesias. El que venciere, no sufrirá daño de la segunda muerte.

– Apocalipsis 2:10–11

Iglesia de Pérgamo:
La descripción de Jesús:

Y escribe al ángel de la iglesia en Pérgamo: El que tiene la espada aguda de dos filos dice esto:

– Apocalipsis 2:12

Lo bueno:

Yo conozco tus obras, y dónde moras, donde está el trono de Satanás; pero retienes mi nombre, y no has negado mi fe, ni aun en los días en que Antipas mi testigo fiel fue muerto entre vosotros, donde mora Satanás.

– Apocalipsis 2:13

Lo malo:

Pero tengo unas pocas cosas contra ti: que tienes ahí a los que retienen la doctrina de Balaam, que enseñaba a Balac a poner tropiezo ante los hijos de Israel, a comer de cosas sacrificadas a los ídolos, y a cometer fornicación. (Números: 22-24)

Y también tienes a los que retienen la doctrina de los nicolaítas, la que yo aborrezco. Por tanto, arrepiéntete; pues si no, vendré a ti pronto, y pelearé contra ellos con la espada de mi boca.

– Apocalipsis 2:14–16

La bendición prometida:

El que tiene oído, oiga lo que el Espíritu dice a las iglesias. Al que venciere, daré a comer del maná escondido, y le daré una piedrecita blanca, y en la piedrecita escrito un nombre nuevo, el cual ninguno conoce sino aquel que lo recibe.

– Apocalipsis 2:17

Iglesia de Tiatira:

La descripción de Jesús:

Y escribe al ángel de la iglesia en Tiatira: El Hijo de Dios, el que tiene ojos como llama de fuego, y pies semejantes al bronce bruñido, dice esto:

– Apocalipsis 2:18

Lo bueno:

Yo conozco tus obras, y caridad, y fe, y servicio, y tu paciencia, y que tus obras postreras son más que las primeras.

– Apocalipsis 2:19

Lo malo:

Pero tengo unas pocas cosas contra ti: que toleras que esa mujer Jezabel, que se dice profetisa, enseñe y seduzca a mis siervos a fornicar y a comer cosas sacrificadas a los ídolos. Y le he dado tiempo para que se arrepienta, pero no quiere arrepentirse de su fornicación. He aquí, yo la arrojo en cama, y en gran tribulación a los que con ella adulteran, si no se arrepienten de las obras de ella. Y a sus hijos heriré de muerte, y todas las iglesias sabrán que yo soy el que escudriña la mente y el corazón; y os daré a cada uno según vuestras obras. (Jezabel representa a una mujer que seduce a los judíos para que adoren [forniquen] a ídolos, y tal vez era Helena de Tiro.)

– Apocalipsis 2:20–23

La bendición prometida:

Pero a vosotros y a los demás que están en Tiatira, a cuantos no tienen esa doctrina, y no han conocido lo que ellos llaman las profundidades de Satanás, yo os digo: No os impondré otra carga; pero lo que tenéis, retenedlo hasta que yo venga. Al que venciere y guardare mis obras hasta el fin, yo le daré autoridad sobre las naciones, y las regirá con vara de hierro, y serán quebradas como vaso de alfarero; como yo también la he recibido de mi Padre. Y le daré la estrella de la mañana. El que tiene oído, oiga lo que el Espíritu dice a las iglesias.

– Apocalipsis 2:24–29

Apocalipsis 3

La iglesia de Sardis:

La descripción de Jesús:

Escribe al ángel de la iglesia en Sardis: El que tiene los siete espíritus de Dios, y las siete estrellas, dice esto:

— Apocalipsis 3:1

Lo bueno:

Conozco tus obras, que tienes un nombre que vives y estás muerto. Vigila y fortalece las cosas que quedan, que están listas para morir.

— Apocalipsis 3:1–2

Lo malo:

Porque no he encontrado tus obras perfectas ante Dios. Recuerda, por tanto, cómo has recibido y oído, y mantente firme y arrepiéntete. Si no vigilas, vendré sobre ti como un ladrón, y no sabrás a qué hora vendré sobre ti.

— Apocalipsis 3:2–3

La bendición prometida:

Hay algunos nombres en Sardis que no han manchado sus vestidos, y andarán conmigo en blanco, porque son dignos. El que venza será vestido con vestiduras blancas, y no borraré su nombre del libro de la vida, sino que confesaré su nombre ante mi Padre y ante sus ángeles. El que tenga oído, oiga lo que el Espíritu dice a las iglesias.

– Apocalipsis 3:4–6

La iglesia de Filadelfia:

La descripción de Jesús:

Escribe al ángel de la iglesia en Filadelfia: Estas cosas dice el que es santo, el que es verdadero, el que tiene la llave de David, el que se abre, y ningún hombre se cierra; y se cierra, y ningún hombre abre.

– Apocalipsis 3:7

Lo bueno:

Conozco tus obras: he aquí que he puesto delante de ti una puerta abierta, y nadie puede cerrarla, porque tienes un poco de fuerza, y has cumplido mi palabra, y no has negado mi nombre.

He aquí que los haré de la sinagoga de Satanás, que dicen ser judíos y no lo son, pero mienten; he aquí que los haré venir a adorar ante tus pies, y a saber que te he amado.

Porque has guardado la palabra de mi paciencia, yo también te guardaré de la hora de la tentación que vendrá sobre todo el mundo, para probar a los que habitan en la tierra.

He aquí que vengo pronto: retén lo que tienes, para que nadie te quite la corona.

– Apocalipsis 3:8–11

Lo malo:

Nada.

La bendición prometida:

Al que venciere, yo lo haré columna en el templo de mi Dios, y nunca más saldrá de allí; y escribiré sobre él el nombre de mi Dios, y el nombre de la ciudad de mi Dios, la nueva Jerusalén, que desciende del cielo de mi Dios, y escribiré sobre él mi nuevo nombre. El que tiene oído, oiga lo que el Espíritu dice a las iglesias.

– Apocalipsis 3:12–13

La iglesia de Laodicea:
La descripción de Jesús:

Estas cosas dicen el Amén, el testigo fiel y verdadero, el principio de la creación de Dios.

– Apocalipsis 3:14

Lo bueno:

Nada.

Lo malo:

Yo conozco tus obras, que ni eres frío ni caliente. ¡Ojalá fueses frío o caliente! Pero por cuanto eres tibio, y no frío ni caliente, te vomitaré de mi boca. Porque tú dices: Yo soy rico, y me he enriquecido, y de ninguna cosa tengo necesidad; y no sabes que tú eres un desventurado, miserable, pobre, ciego y desnudo:

– Apocalipsis 3:15–17

La bendición prometida:

Por tanto, yo te aconsejo que de mí compres oro refinado en fuego, para que seas rico, y vestiduras blancas para vestirte, y que no se descubra la vergüenza de tu desnudez; y unge tus ojos con colirio, para que veas. Yo reprendo y castigo a todos los que amo; sé, pues, ferviente, y arrepiéntete. He aquí, yo estoy a la puerta y llamo; si alguno oye mi voz y abre la puerta, entraré a él, y cenaré con él, y él conmigo. Al que venciere, le daré que se siente conmigo en mi trono, así como yo he vencido, y me he sentado con mi Padre en su trono. El que tiene oído, oiga lo que el Espíritu dice a las iglesias.

– Apocalipsis 3:18–22

Lo que leímos fueron los mensajes para las siete iglesias de Asia con respecto a sus acciones o sus faltas. Jesús les hace saber que están mezclando enseñanzas paganas en sus iglesias. Esto proviene de Misterio Babilonia. Aprendemos que es de la sinagoga de Satanás.

El resto del Apocalipsis puede confundir incluso al erudito más brillante si no entendemos el simbolismo. Es simbolismo espiritual, que la mayoría de la gente tiene problemas para discernir.

Veremos períodos de 1.260 días, 42 meses y como "tiempo, tiempos y medio un tiempo". Este último período es un símbolo para un tiempo determinado, luego más de una (veces), pero después dividen el tiempo. (Véase *Concordancia de la Fuerte*, #5732 hebreo y #6387.)

Después de la resurrección de Jesús, hubo tres guerras judías contra los romanos. Cada una de estas revueltas duró aproximadamente 1.260 días, 42 meses, o tres años y medio, y es probable que los períodos anteriores dividan cada revuelta, en tres años y medio.

Durante la primera revuelta judía, hubo una guerra civil dentro de Jerusalén. Los romanos se ocuparon de su propia guerra civil temporal, determinando quién tomaría el lugar de Nerón después de su supuesta muerte. (Algunos historiadores creen que fingió su suicidio para evitar la ejecución y se convirtió en un actor y músico itinerante).

Había muchos países y participantes en estas guerras, y tratar de averiguar cuáles son los participantes simbolizados es difícil. Los Zealots judíos a veces eran más crueles que los romanos, y también jugaron un papel en el simbolismo junto con los sirios en el norte, árabes en el este edomitas en el sur (Cuatro Vientos).

La primera guerra tuvo lugar aproximadamente en el año 66–70 d.C. Jerusalén sufrió destrucción, y los Romanos quemaron el templo hasta sus cimientos. La segunda revuelta siguió aproximadamente a finales del 70-74 d.c., cuando una secta de Zealots, los Sicarii, escaparon de Jerusalén a una meseta llamada Masada, donde había estado el palacio de Herodes. La tercera revuelta ocurrió aproximadamente en 132-135 d.C., durante el reinado del emperador romano Adriano. Unos pocos judíos restantes habían restaurado algo Jerusalén. Adriano destruyó la Jerusalén restante, y los judíos se dispersaron. Un levantamiento adicional de esclavos judíos tuvo lugar en el 115 d.C. en Egipto, pero no se cree que esto sea parte de esta profecía porque no sucedió en Israel.

Apocalipsis 4

(Nota: Con la posibilidad de confundir a los lectores, podemos lograr una comprensión más profunda del Apocalipsis al verlo con conocimiento de que el reino de los espíritus experimentó primero un juicio, destrucción y restauración. Lucifer con sus seguidores casi habían llevado al reino de Dios a la oscuridad completa. (Génesis1:2)

En el mundo de Dios, hay un cielo, una tierra y un mar creados, donde los enemigos de Dios fueron antes de sumergirse en la creación de nuestro universo. Entonces es obvio que esto requiere una estructura diferente que la que los maestros religiosos nos presentan. Demostraría que, por ejemplo, Génesis 1 y capítulo no es la creación de nuestro cielo y nuestra tierra, sino la formación, destrucción y restauración del mundo de Dios.

No es la intención de traer este estudio alternativo a este libro, y ciertamente esta interpretación puede ser rechazada y todavía puede lograr una comprensión completa de la historia involucrada en el juicio que ocurrió en el siglo I.

Además, este libro no saca a relucir a todos los participantes, sino sólo la punta del iceberg de los principales acontecimientos involucrados en el juicio presentado en Apocalipsis. Pero conocer el Apocalipsis muestra tanto el juicio espiritual como el físico, el lector obtiene una mayor realidad del Apocalipsis).

Después de esto miré, y he aquí una puerta abierta en el cielo; y la primera voz que oí, como de trompeta, hablando conmigo, dijo: Sube acá, y yo te mostraré las cosas que sucederán después de estas. Y al instante yo estaba en el Espíritu; y he aquí, un trono establecido en el cielo, y en el trono, uno sentado. Y el aspecto del que estaba sentado era semejante a piedra de jaspe y de cornalina; y había alrededor del trono un arco iris, semejante en aspecto a la esmeralda. Y alrededor del trono había veinticuatro asientos; y en los asientos vi cuatro y veinte ancianos sentados, vestidos de ropas blancas, con coronas de oro en sus cabezas.

– Apocalipsis 4:1–4

En este capítulo, Juan está en el reino de los espíritus y ve una puerta abierta en el cielo, que revela la sala del trono. A excepción de los veinticuatro ancianos (aún no resucitados en el cielo), esta es la misma descripción general de lo que Ezequiel (cap. 1) vio cuando Dios le reveló su cuarto del trono, incluyendo el arco iris espiritual del diluvio.

Juan ve y oye:

- El reino espiritual y oye una voz como trompeta (anuncio).

- Una vista de la sala del trono, los seres que existen en ella, con los sonidos y actividades. Los siete espíritus de fuego describen al Dios de Isaías 11.

- El trono está actuando como sede de un juez, con los querubines y serafines dando honor al juez, al igual que llamamos a un juez "Su Señoría".

- Veinticuatro ancianos coronados, como Jesús dijo, ahora somos reyes y sacerdotes (Apocalipsis 1:6). Estos ancianos redimidos (vestidos de blanco) son del AT como testigos, usando coronas como recompensas por la fidelidad.

Congregad a mí todos los ancianos de vuestras tribus, y a vuestros oficiales, y hablaré en sus oídos estas palabras, y llamaré por testigos contra ellos a los cielos y a la tierra.

– Deuteronomio 31:28

Apocalipsis 5

En Apocalipsis 5, vemos un libro con siete sellos. La imagen espiritual de Jesús lo describe como el *León de Judá* y la *Raíz de David*.

Juan puede ver todos los acontecimientos aquí porque no hay tiempo en la eternidad, por lo que ve a Jesús como un cordero sacrificial junto con, o como, el León conquistador de Judá y la Raíz de David. Juan no siempre revela lo que sucedió en nuestro tiempo en un orden en particular, lo que también nos ayudará a entender el Apocalipsis.

Y uno de los ancianos me dijo: No llores. He aquí que el León de la tribu de Judá, la raíz de David, ha vencido para abrir el libro y desatar sus siete sellos. Y miré, y vi que en medio del trono y de los cuatro bestias, y en medio de los ancianos, estaba en pie un Cordero como inmolado, que tenía siete cuernos, y siete ojos, los cuales son los siete espíritus de Dios enviados por toda la tierra.

– Apocalipsis 5:5–6

Una mano revela un libro. Este es el mismo libro de la profecía de Ezequiel, cuando Dios le dice a Ezequiel que profetice en contra de Israel.

Y miré, y he aquí una mano extendida hacia mí, y en ella había un rollo de libro. Y lo extendió delante de mí, y

estaba escrito por delante y por detrás; y había escritas en él
endechas y lamentaciones y ayes.

– Ezequiel 2:9–10

Además, Levítico 26 retrata las promesas de Dios si su pueblo sigue sus mandamientos. Si no, siete de los juicios se vendrán sobre ellos cuando Israel se vuelva en contra de Dios. Esto es lo que representan los siete sellos y el contenido, tanto en el cielo como en la tierra.

Juan ve innumerables ángeles y los ancianos (v. 11), y todos proclaman a Jesús como el único digno de recibir todo poder (para ejecutar el juicio) y bendiciones (su pueblo redimido).

Descubrimos que hay una tierra espiritual y un mar en el cielo (v. 13), y todos cantan una nueva canción (presentando el NT). El mar es temporal, y como veremos más adelante, ya no existe en el cielo.

Él no ejecutará las juicios hasta que se abran todos los sellos, revelando el contenido del libro como un pergamino.

Apocalipsis 6

Vi cuando el Cordero abrió uno de los sellos, y oí a uno de los cuatro bestias decir como con voz de trueno: Ven y mira.

– Apocalipsis 6:1

Nada sucede sin que Dios permita el evento, ya sea bendición o destrucción. La apertura de los sellos es poner a los espíritus en posición para ejecutar las jucios.

La apertura de cuatro sellos revela cuatro caballos de colores. Zacarías (cap. 6) se enteró de que los caballos y carruajes eran cuatro espíritus que se movía alrededor de la tierra.

Estos caballos (espíritus) en Apocalipsis saldrán a permitir el juicio del Señor, que también veremos son las advertencias de Levítico. El Imperio Romano, los Zealots y los países circundantes son los destructores.

El caballo blanco es un espíritu conquistador.

Y miré, y he aquí un caballo blanco; y el que lo montaba tenía un arco; y le fue dada una corona, y salió venciendo, y para vencer.

– Apocalipsis 6:2

Los versículos relacionados con Levítico siguen a cada pasaje.

Y pondré mi cara contra vosotros, y seréis asesinados ante vuestros enemigos: y los que os aborrecen se enseñorearán de vosotros, y huiréis sin que haya quien te persigue.

– Levítico 26:17

Haré desiertas vuestras ciudades, y asolaré vuestros santuarios, y no oleré la fragancia de vuestro dulces aroma.

– Levítico 26:31

El próximo sello, un caballo rojo, que le permite a los judíos matarse entre sí, y no tendrán paz. Jerusalén se dividió en tres facciones controladas por los Zealots– Juan, Eleazar y Simón (no los apóstoles) y eran una la pestilencia que se alzaba en contra de su propio pueblo. Los Sicarri entraban a Jerusalén con espadas escondidas bajo sus ropas.

Y salió otro caballo que era rojo, y se le dio poder al que estaba sentado en él para quitar la paz de la Tierra, y para que se mataran entre ellos, y se le dio una gran espada.

– Apocalipsis 6:4

Traeré sobre vosotros espada vengadora, en vindicación del pacto; y si buscareis refugio en vuestras ciudades, yo enviaré pestilencia entre vosotros, y seréis entregados en mano del enemigo.

– Levítico 26:25

Cuando se abra el tercer sello, el caballo negro les traerá hambruna a los judíos. A pesar de que Israel tenía mucha comida, no podían acceder a ella, y los Zealots robaron o destruyeron la comida que había. Algunos recurrieron al canibalismo, y miles de personas murieron de hambre.

Cuando abrió el tercer sello, oí al tercer bestia, que decía: Ven y mira. Y miré, y he aquí un caballo negro, y el que estaba sentado sobre él tenía un par de balanzas en la mano.. Y oí una voz de en medio de los cuatro bestia, que decía: Una medida de trigo por un penique, y tres medidas de cebada por un penique; y no hagas daño al aceite y al vino.

– Apocalipsis 6:5–6

Y tu fuerza se gastará en vano, porque tu tierra no dará sus frutos, ni los árboles de la tierra darán sus frutos.

– Levítico 26:20

Cuando yo os quebrante el sustento del pan, cocerán diez mujeres vuestro pan en un horno, y os devolverán vuestro pan por peso; y comeréis, y no os saciaréis.

– Levítico 26:26

Y comeréis la carne de vuestros hijos, y comeréis la carne de vuestras hijas.

– Levítico 26:29

El cuarto sello revela a un caballo pálido que permite la muerte y el infierno, o la separación eterna de Dios. Puesto que "la tierra" representa a Jerusalén y el templo, y esto describe cómo los Zealots (bestias) jugaron su papel en la destrucción de Jerusalén.

Miré, y he aquí un caballo amarillo, y el que lo montaba tenía por nombre Muerte, y el Hades le seguía; y le fue dada potestad sobre la cuarta parte de la tierra,

para matar con espada, con hambre, con mortandad, y con las fieras de la tierra.

– Apocalipsis 6:8

Enviaré también contra vosotros bestias fieras que os arrebaten vuestros hijos, y destruyan vuestro ganado, y os reduzcan en número, y vuestros caminos sean desiertos.

– Levítico 26:22

Destruiré vuestros lugares altos, y derribaré vuestras imágenes, y pondré vuestros cuerpos muertos sobre los cuerpos muertos de vuestros ídolos, y mi alma os aborrecer.

– Levítico 26:30

Y a vosotros os esparciré entre las pagano, y desenvainaré espada en pos de vosotros; y vuestra tierra estará asolada, y desiertas vuestras ciudades.

– Levítico 26:33

El quinto sello revela aquellos bajo el altar, que durante aproximadamente los treinta años antes de que Juan escribiera Apocalipsis habían enseñado y revelado a Jesús como el Mesías o Salvador prometido. Los perseguidores los mataron por enseñar el Evangelio (verdad).

Durante este tiempo, la iglesia perseguida (túnicas blancas) incluía a aquellos apedreados hasta la muerte, sus cabezas golpeadas, o que fueron llevados ante los romanos por su propio pueblo para ser torturados y crucificados. Ahora le están orando al Señor para que vengue sus persecuciones.

Y clamaban a gran voz, diciendo: ¿Hasta cuándo, Señor, santo y verdadero, no juzgas y vengarse nuestra sangre en esos que moran en la tierra?

– Apocalipsis 6:10

El resto de este capítulo muestra el juicio, o lenguaje apocalíptico que proviene del AT, a punto de ser liberado, que el profeta Joel profetizó en el simbolismo del juicio. En su segundo libro, primero muestra la destrucción en Apocalipsis, luego la restauración de Israel (Joel 2:18–29), que ocurrió en nuestro tiempo, antes del juicio final. Y, Dios salvará a cualquiera en Israel que llame su nombre. (v. 32).

La primera profecía del juicio de Joel:

Tocad la trompeta en Sión y dad la alarma en mi santo monte; tiemblen todos los habitantes de la tierra, porque viene el día del Señor, porque está cerca; Un día de oscuridad y tinieblas, un día de nubes y de oscuridad espesa, como la mañana que se extiende sobre los montes; un pueblo grande y fuerte; no ha habido nunca otro igual, ni lo habrá más después de él, ni siquiera hasta los años de muchas generaciones.

– Joel 2:1–2

La restauración en nuestros tiempos:

Y os devolveré los años que la langosta ha comido, el gusano de cancro, la oruga y la lombriz de palma, mi gran ejército que envié entre vosotros.

Comeréis en abundancia y os saciaréis, y alabaréis el nombre de Señor vuestro Dios, que os ha hecho maravillas, y mi pueblo no se avergonzará jamás.

Y sabréis que estoy en medio de Israel, y que soy el Señor vuestro Dios, y nadie más, y mi pueblo nunca se avergonzará.

– Joel 2: 25-27

El juicio final:

Y daré prodigios en el cielo y en la tierra, sangre, y fuego, y columnas de humo. El sol se convertirá en tinieblas, y la luna en sangre, antes que venga el día grande y espantoso día del Señor.

– Joel 2:30–31

En el libro histórico de Flavio Josefo, *Las Guerras de los Judíos*, fue testigo del veredicto llevado a cabo contra los falsos judíos. Los primeros versos del juicio de Joel describen acertadamente lo que Josefo observó, la destrucción de Jerusalén al subir en llamas. El libro de Josefo retrata el juicio, con un detalle insoportable, profetizado por los profetas del AT y por Jesús, como se muestra en Apocalipsis.

El Zealot Juan (no el apóstol) iría a las ciudades y arremetería contra el pueblo para ir a la guerra. Una vez que los romanos conquistaron estas ciudades, Juan y su secta de Zealots escaparían a otra ciudad, mintiendo a la gente como un falso profeta de falsas conquistas. Este falso profeta engañaría a algunos para que lucharan, mientras que otros trataban de mediar con los romanos por la paz. Aquellos que no luchaban, los Zealots les robaban sus últimos trozos de comida, a menudo matándolos si los atrapaban escondiéndolo.

Las legiones romanas habían tomado sus propias bajas, por lo que sus generales ofrecían con tacto la paz antes de marchar a las ciudades.

Los habitantes de Jerusalén, pensando que con sus tres muros (profundos) y el templo bien fortificados, y escuchando las falsas profecías de Juan y otros, iban a la guerra hasta que los romanos los hicieran rendirse o los mataran. Los líderes tomarían a algunos judíos conquistados como esclavos para luchar junto con los soldados contra sus compañeros judíos.

Los líderes del templo (reyes) y los Zealots, con sus seguidores, se escondieron en las montañas y guaridas hasta que los romanos los descubrieron y capturaron.

Apocalipsis 7

Lo que Juan ve a continuación son cuatro ángeles que retienen los cuatro vientos (países circundantes), preparados para ejecutar su destrucción desde todas las direcciones de la tierra (Jerusalén) y el mar (aldeas dentro del Imperio Romano). Los árboles son los siervos judíos de Dios que se convirtieron en cristianos (Isaías 61:3).

Un ángel desde el este ordena que los juicios no puedan comenzar hasta que se selle la frente de los siervos de Dios, aquellos salvados desde el principio. Aunque su destrucción ocurre aquí, Dios primero salva a esos judíos representados simbólicamente de todas las tribus.

Porque no me avergüenzo del evangelio de Cristo, porque es poder de Dios para salvación a todo aquel que cree; al judío primeramente, y también al griego.

– Romanos 1:16

En el versículo 4, el número representa doce mil en cada una de las doce tribus de Israel (144.000), que simbólicamente reanudan su templo en el cielo.

Juan entonces ve a todos los cristianos bautizados por el Espíritu, judíos y no judíos, de nuestra histórico gran tribulación; usando túnicas blancas, bañadas con la sangre del Cordero, Jesús. Permanecieron fieles durante toda su vida de tribulación, y ahora Jesús dice que los cuidará para siempre. No habrá más pesar en su reino espiritual.

(Una vez más, recomendamos leer el libro histórico de Flavio Josefo, Las *Guerras de los Judíos* (WOJ, por sus siglas en inglés), en particular, del libro III en adelante. Se puede leer gratis en línea en Project Gutenberg.[3] Proporcionaremos extractos sobre los juicios de sus libros en lo que se refiere a Apocalipsis.)

---

[3]www.gutenberg.org

Apocalipsis 8

Cuando abrió el séptimo sello, se hizo silencio en el cielo como por media hora.

– Apocalipsis 8:1

"Y a la novena hora de la noche, una luz tan grande brillaba alrededor del altar y la casa santa, que parecía ser un día brillante; que duró media hora. Esta luz parecía ser una buena señal para los poco hábiles, pero fue interpretada por los escribas sagrados, como para presagiar aquellos acontecimientos que siguieron inmediatamente después de ella." (Libro 6 de WOJ, Capítulo 5.3)

Y vi a los siete ángeles que estaban en pie ante Dios; y se les dieron siete trompetas. Otro ángel vino entonces y se paró ante el altar, con un incensario de oro; y se le dio mucho incienso para añadirlo a las oraciones de todos los santos, sobre el altar de oro que estaba delante del trono. Y de la mano del ángel subió a la presencia de Dios el humo del incienso con las oraciones de los santos. Y el ángel tomó el incensario, y lo llenó del fuego del altar, y lo arrojó a la tierra; y hubo truenos, y voces, y relámpagos, y un terremoto.

– Apocalipsis 8:2–5

"Los acontecimientos que le siguieron de una naturaleza tan considerable que merecen tales señales;

porque, antes de la puesta del sol, carruajes y tropas de soldados en su armadura fueron vistos corriendo entre las nubes, y los alrededores de las ciudades. Además, en esa fiesta que llamamos Pentecostés, mientras los sacerdotes iban de noche a la parte interior [de la corte del templo], como era su costumbre, para realizar sus ministraciones sagrados, dijeron que, en primer lugar, sintieron un temblor, y oyeron un gran ruido, y después de eso escucharon un sonido como de una gran multitud, diciendo: "Salgamos de aquí." " (Libro 6 de WOJ, Capítulo 5.3)

Satanás se burló de a Dios y creó sus propias salas del trono del reino en nuestra mundo con templos paganos. Los adoradores de César y otros ídolos ofrecieron incienso, que en efecto, le ofreció una alianza a Satanás.

Juan nota el silencio en el cielo. Dios da a los judíos una última oportunidad de arrepentirse antes de que comiencen los juicios.

En nuestros tribunales de hoy en día, el juez a menudo no hace nada hasta que los abogados se muevan (presenten mociones) o pidan al juez que decida. La iglesia verdadera primitiva oró para que Dios viniera para el juicio de aquellos que los persiguieron hasta la muerte. Estas oraciones (incienso) son lo que movió a Dios a ejecutar sus juicios.

Mucha gente se pregunta por qué Jesús se está demorando hoya. Es porque nuestra tribulación aún no nos ha hecho movernos (no estamos sufriendo lo suficiente) para orar para que Jesús venga y nos libere. Tenemos que hacer lo que hizo la iglesia verdadera temprana y orar para que Dios ejecute sus juicios sobre el mundo.

"Que estaban toda la noche delante de la pared, aunque en un campamento muy malo; porque hubo una tormenta prodigiosa en la noche, con la mayor violencia, y vientos muy fuertes, con las lluvias más grandes, con relámpagos continuos, terribles truenos, y sorprendentes conmociones cerebrales y bramidos de la tierra, que fue en un terremoto. Estas cosas eran una indicación manifiesta de que alguna destrucción se avecinaba sobre los hombres, cuando el sistema del mundo fue puesto en este desorden; y cualquiera adivinaría que estas maravillas presagiaban algunas de las grandes calamidades que venían. (Libro 4 de WOJ, Capítulo 4.5)

El primer ángel tocó la trompeta, y hubo granizo y fuego mezclados con sangre, que fueron lanzados sobre la tierra; y la tercera parte de los árboles se quemó, y se quemó toda la hierba verde.

– Apocalipsis 8:7

"Vespasiano [primero un general y luego emperador de Roma] puso los motores [catapultas y ballestas] para lanzar piedras y dardos alrededor de la ciudad. El número de los motores estaba en ciento sesenta,... tales motores que fueron destinados para ese propósito lanzaron a la vez lanzas sobre ellos con un gran ruido, y piedras [como granizo] del peso de un talento [alrededor de 80 libras] fueron lanzadas por los motores que estaban preparados para ese propósito, junto con un gran fuego, y una gran multitud de flechas , que hacía que la pared fuera tan peligrosa, que los judíos no sólo no se acercaban a ellas, sino que no se atrevieron a acercarse a las partes dentro de las paredes a las que llegaban los motores; para la multitud de los arqueros árabes, así como todos los que arrojaron dardos y piedras, se pusieron a trabajar al mismo tiempo con los motores." (Libro 3 de WOJ, Capítulo 7.9) [añadido por el autor]

El segundo ángel tocó la trompeta, y como una gran montaña ardiendo en fuego fue precipitada en el mar; y la tercera parte del mar se convirtió en sangre. Y murió la tercera parte de los seres vivientes que estaban en el mar, y la tercera parte de las naves fue destruida.

– Apocalipsis 8:8–9

La montaña es un símbolo de autoridad y probablemente representó el monte del templo bajo destrucción (Mateo 21:21). El templo estaba bajo el juicio (fuego) de Dios. Veremos en Apocalipsis 10 que el mar se refiere simbólicamente al Imperio Romano, que también rodeaba literalmente al mar Mediterráneo.

Aunque el Apocalipsis se refiere principalmente a la destrucción de Jerusalén y el templo, la devastación también incluyó el área circundante, incluyendo las criaturas y la sangre derramada por todo el imperio. Por supuesto, también hubo batallas en el(los) mar(s) literal(es).

"Y se estrellaron sus barcos unos contra otros, y arrojó a algunos de ellos contra las rocas, y se llevó a muchos de ellos por la fuerza, mientras luchaban contra las olas opuestas, en el mar principal; porque la orilla era tan rocosa, y tenía tantos enemigos sobre ella, que tenían miedo de llegar a tierra; y las olas se elevaban tan altas que los ahogaban; no había lugar donde pudieran volar, ni forma de salvarse; mientras que eran empujados fuera del mar, por la violencia del viento, si se quedaban donde estaban, y fuera de la ciudad por la violencia de los romanos. Y mucho lamento hubo cuando los barcos se lanzaron unos contra otros, y un ruido terrible cuando se rompieron en pedazos; y algunas de las multitudes que había en ellos estaban cubiertas de olas, y tanto perecieron, y muchos se avergonzaron de los naufragios. Pero algunos de ellos pensaban que morir por sus propias espadas era más llevadero que por el mar, por lo que se matar ellos mismos antes de que se ahogaran; aunque la mayor parte de ellos fueron llevados por las olas, y se hicieron pedazos contra las partes abruptas de las rocas, de tal manera que el mar estaba ensangrentado en un largo trecho, y las partes marítimas estaban llenas de cadáveres; porque los romanos se encontraban con los que fueron llevados a la orilla, y los destruyó; y el número de los cuerpos que fueron arrojados fuera del mar fue de cuatro mil doscientos. (Libro 3 de WOJ, Capítulo 9.3)

El tercer ángel tocó la trompeta, y cayó del cielo una gran estrella, ardiendo como una antorcha, y cayó sobre la tercera parte de los ríos, y sobre las fuentes de las aguas.

Y el nombre de la estrella es Ajenjo. Y la tercera parte de las aguas se convirtió en ajenjo; y muchos hombres murieron a causa de esas aguas, porque se hicieron amargas.

– Apocalipsis 8:10–11

Los zelotes y otros rebeldes atacaron a su propia gente y pueblos. El ajenjo era un símbolo de amargura de los judíos, y las aguas son gente (Apocalipsis 17:15). Dios hizo esta descripción del ajenjo del AT.

Pero su final es amargo como el ajenjo, afilado como una espada de dos filos.

- Proverbios 5:4

¡Oh, si mi cabeza se hiciese aguas, y mis ojos fuentes de lágrimas, para poder llorar día y noche por el asesinato de la hija de mi pueblo!

– Jeremías 9:1

Por tanto, así ha dicho Señor de los ejércitos, Dios de Israel: He aquí que los alimentaré, incluso a este pueblo, con ajenjo, y les daré agua de hiel para que beban.

– Jeremías 9:15

"Hubo además de desórdenes y guerras civiles en cada ciudad; y todos y todos los que estaban en silencio de los romanos volvieron las manos unos contra otros. También hubo una amarga disputa entre los que eran aficionados a la guerra, y aquellos que estaban deseosos de la paz. Al principio, este temperamento conflictivo se apoderó de familias privado, que no podían estar de acuerdo entre sí; después de eso las personas que más aprecio se tenían se atacaron sin ningún tipo de freno, y cada una se asociaba a los que tenían las mismas opiniones, y comenzaron a oponerse las unas a las otras; de modo que las sublevaciones comenzaron en todas partes, mientras que los que estaban a favor de las innovaciones, y estaban deseosos de la guerra, por su juventud y audacia, eran demasiado duros para los hombres ancianos y prudentes." (Libro 4 de WOJ, Capítulo 3.2)

El versículo 12 de este capítulo de Apocalipsis muestra una vez más el lenguaje apocalíptico de la advertencia del juicio, demasiado familiar para los judíos del AT y sus enemigos.

El versículo 13 se asemeja a lo que Josefo dice de un hombre que dio la advertencia final antes de que se produjeran los juicios. Los ángeles son mensajeros, y el siguiente mensajero, llamado Jesús, dio muchas advertencias y ejemplificó a Jesucristo en su vida.

"Pero, lo que es aún más terrible, había un Jesús, el hijo de Anano, un plebeyo y un labrador, que, cuatro años antes de que comenzara la guerra, y en un momento en que la ciudad estaba en una gran paz y prosperidad, llegó a esa fiesta en la que es nuestra costumbre hacerle tabernáculos a Dios en el templo, comenzó de repente a llorar en voz alta,

"Una voz del este, una voz del oeste, una voz de los cuatro vientos, una voz en contra de Jerusalén y la santa casa, una voz contra los novios y las novias, y una voz contra todo este pueblo!"
Este era su grito, mientras andaba de día y de noche, en todos los carriles de la ciudad. Sin embargo, algunos de los más eminentes entre la población tuvieron gran indignación por este grito terrible de él, y tomaron al hombre, y le dieron un gran número de azotes severos; sin embargo, no dijo nada en su defensa, o cualquier cosa propia de los que lo castigas, pero todavía continuaba con las mismas palabras por las que lloró antes.

Por lo tanto, nuestros gobernantes, suponiendo, como el caso resultó ser, que esto era una especie de furia divina en el hombre, lo llevaron al procurador romano, donde fue azotado hasta que sus huesos estuvieran expuestos; sin embargo, no hizo ninguna súplica en su defensa, ni derramó ninguna lágrima, pero ponía su voz en el tono más lamentable posible, en cada golpe del látigo su respuesta fue: "¡Ay, ay, de Jerusalén!"
Ahora, durante todo el tiempo que pasó antes de que comenzara la guerra, este hombre no se acercó a ninguno de los ciudadanos, ni fue visto por ellos mientras lo decía; pero él todos los días pronunciaba estas palabras lamentables, como si fuera su voto premeditado: "¡Ay, ay de Jerusalén!" Tampoco dio malas palabras a ninguno de los que le pegaban todos los días, ni buenas palabras a los que le daban comida; pero esta fue su respuesta a todos los hombres, y de hecho nada más que un presagio melancólico de lo que estaba por venir. Este grito suyo fue el más fuerte en los festivales; y continuó con esta tonada durante siete

años y cinco meses, sin que creciera su ronquera, o se cansara de ella, hasta el mismo momento en que vio su presagio realmente cumplido con nuestro asedio, cuando cesó; iba alrededor de la pared, gritando con su mayor fuerza: "¡Ay, ay de la ciudad de nuevo, y del pueblo, y de la santa casa!" Y así como añadió al final, "¡Ay, ay de mí mismo también!", salió una piedra de uno de los motores, y lo hirió, y lo mató inmediatamente; mientras él estaba pronunciando los mismos presagios se dio por vencido el fantasma. (Libro 6 de WOJ, Capítulo 5.3)

Apocalipsis 9

Un ángel recibe la llave del pozo sin fondo (infierno o abismo) para liberar a los ángeles o demonios caídos en cautiverio. Los ejércitos eran como una plaga de langostas que rodeaban Jerusalén, vestidas para la batalla, preparando sus armamentos de destrucción, gritando y atormentando a los judíos.

Y el quinto ángel sono, y vi una estrella que cayó del cielo a la tierra; y se le dio la llave del pozo sin fondo.

Y abrió el pozo sin fondo; y surgió un humo del pozo, como el humo de un gran horno; y el sol y el aire se oscurecieron a causa del humo del pozo.

Y del humo salieron langostas sobre la tierra; y se les dio poder, como tienen poder los escorpiones de la tierra. Y se les mandó que no dañasen a la hierba de la tierra, ni a cosa verde alguna, ni a ningún árbol, sino solamente a los hombres que no tuviesen el sello de Dios en sus frentes.

Y les fue dado, no que los matasen, sino que los atormentasen cinco meses; y su tormento era como tormento de escorpión cuando hiere al hombre. Y en aquellos días los hombres buscarán la muerte, pero no la hallarán; y ansiarán morir, pero la muerte huirá de ellos. El aspecto de las langostas era semejante a caballos preparados para la guerra; en las cabezas tenían como coronas de oro; sus caras eran como caras humanas.

Tenían cabello como cabello de mujer; sus dientes eran como de leones; tenían corazas como corazas de hierro; el ruido de sus alas era como el estruendo de muchos carros de caballos corriendo a la batalla.Tenían colas como de escorpiones, y también aguijones; y en sus colas tenían poder para dañar a los hombres durante cinco meses. Y tienen por rey sobre ellos al ángel del abismo, cuyo nombre en hebreo es Abadón, y en griego, Apolión.

- Apocalipsis 9:1–11

Vemos la descripción visual de estos demonios espirituales mientras los destructores se reunían para la batalla. Mientras los Zealots causaban conflictos civiles dentro de las ciudades, los romanos se reunían y organizaban sus campamentos. Las legiones romanas marcharon con caballos, y los hombres llevaban los "motores" en los carruajes, que eran catapultas con "aguijones en sus colas". Sus caballos estaban vestido con diferentes armamentos, y los soldados con varias herramientas para luchar. Todo esto era intimidar a los judíos para que se rindieran. Otros países también se unieron y rodearon las ciudades.

"Los hombres de a pie están armados con el petos y tocados, y tienen espadas a cada lado; pero la espada que está a su lado izquierdo es mucho más larga que la otra... Los hombres de a pie también que son elegidos del resto para estar alrededor del propio general tienen una lanza y un escudo, pero el resto de los hombres de a pie tienen una lanza y un escudo largo, además de una sierra y una cesta, un pico y un hacha, una correa de cuero y un gancho...... Los jinetes tienen una espada larga en su lado derecho, un hacha de palo largo en la mano; un escudo que también se encuentra a su lado oblicuamente a un lado de sus caballos, con tres o más dardos que se llevan en su aljaba, teniendo puntas anchos, y no más pequeño que las lanzas. También tienen cascos y corazas, de la misma manera que todos los hombres de a pie". (Libro 3 de WOJ, Capítulo 5.5)

"Así que [Vespasiano] ahuyentó a los judíos en gran medida por medio de los arqueros árabes, y los tirachinas sirios, y por aquellos que les lanzaron piedras, ni hubo ningún intermedio contra el gran número de máquinas de guerra". (Libro 3 de WOJ, Capítulo 7.18)

Los romanos tenían varias "motores" como artillería a su disposición. Desde el botín de la guerra con los griegos, adaptaron su tecnología para hacer formidables objetos de destrucción. Hicieron algunas de estas de diferentes metales e incluyeron *balistas, escorpiones* (ESCORPIONES), y arietes, entre otros. También utilizaron torres y escaleras.

La balista era como una gran ballesta que podía lanzar casi cualquier cosa menos disparar grandes piedras del tamaño de un talento (80 libras). Otro tipo utilizaba un travesaño que un radio tensado pateaba con tremenda fuerza, luego una catapulta podía disparar objetos o piedras enormes, algunas de las cuales se prendían en fuego.

Los escorpiones eran un arma más pequeña similar a una ballesta, desde la cual las flechas o los dardos más pequeños

127

podían perforar la cubierta protectora, luego "picar" al ocupante, causando un gran sufrimiento. Los soldados a menudo los montaban en torres, y los dardos de los escorpiones eran bastante precisos.

Los arietes, identificados como una cara de hierro que parecía un carnero, podían abajo romper rápidamente cualquier pared. Los soldados primero embestían la pared como un saludo, atormentando a la gente dentro. Según la ley romana, la gente podía rendirse después de este anuncio, escapando de la muerte.

Abadón, o Apolión, describe un destructor o destrucción que sólo Satanás y sus seguidores podían idear con los medios de tortura y ejecución proporcionados por los Zealots y los romanos.

"La gravedad de la hambruna hizo que [los judíos] se atrevieran a salir; así que no quedaba nada más que, cuando fueron ocultados a los ladrones, ser tomados por el enemigo... así que primero fueron azotados, y luego atormentados con todo tipo de torturas, antes de morir, y luego fueron crucificados ante el muro de la ciudad... Cada día atrapaban quinientos judíos; no, algunos días atrapaban más... Así que los soldados, de la ira y el odio que se llevaban a los judíos, clavaron a los que atraparon, uno tras de una manera, y otro tras otro, a las cruces, a modo de broma, como su multitud era tan grande, esa habitación estaba deseando las cruces, y las cruces estaban deseando a los cuerpos."
(Libro 5 de WOJ, Capítulo 11.1)

Acabamos de ver las fuerzas demoníacas del abismo; a continuación vemos cuatro ángeles atados en el río Eufrates ser liberados. Revelan las fuerzas demoníacas detrás de los ídolos que los judíos adoraban a lo largo de los siglos.

El sexto ángel tocó la trompeta, y oí una voz de entre los cuatro cuernos del altar de oro que estaba delante de Dios, diciendo al sexto ángel que tenía la trompeta: Desata a los cuatro ángeles que están atados junto al gran río Eufrates.

Y fueron desatados los cuatro ángeles que estaban preparados para la hora, día, mes y año, a fin de matar a la tercera parte de los hombres. Y el número de los ejércitos de los jinetes era doscientos millones. Yo oí su número. Así vi en visión los caballos y a sus jinetes, los cuales tenían corazas de fuego, de zafiro y de azufre. Y las cabezas de los caballos eran como cabezas de leones; y de su boca salían fuego, humo y azufre.

Por estas tres fue muerta la tercera parte de los hombres; por el fuego, el humo y el azufre que salían de su boca. Pues el poder de los caballos estaba en su boca y en sus colas; porque sus colas, semejantes a serpientes, tenían cabezas, y con ellas dañaban.

Y los otros hombres que no fueron muertos con estas plagas, ni aun así se arrepintieron de las obras de sus manos, ni dejaron de adorar a los demonios, y a las imágenes de oro, de plata, de bronce, de piedra y de madera, las cuales no pueden ver, ni oír, ni andar;

Y no se arrepintieron de sus homicidios, ni de sus hechicerías, ni de su fornicación, ni de sus hurtos.

– Apocalipsis 9:13–21

Esto no es literal, sino de nuevo una visión mirando hacia atrás en la historia, no hacia adelante. El número aquí tampoco es literal, sino que se simboliza como infinito, y no un futuro ejército chino como los futuristas quieren que creer. Sino que representa las fuerzas demoníacas en la visión que controlaba el área babilónica desde que Nimrod realizó su primer movimiento en contra de Dios. Podemos decir esto porque las cabezas de los caballos (espíritus) llevan el emblema de un león (Jeremías 50:17.)

Desde esta diferente perspectiva del juicio, los versículos 20 y 21 estos demonios babilónicos causaron el juicio (fuego) y el tormento (azufre) sobre los judíos por su infidelidad. Son como plagas, y muestra a quiénes adoraron los judíos como demonios, como ídolos, y la maldición de su realización sin arrepentirse a lo largo de los siglos, trajo este juicio.

Apocalipsis 10

Vi descender del cielo a otro ángel fuerte, vestido en una nube, y unaarco iris sobre su cabeza; y su rostro era como el sol, y sus pies como columnas de fuego. Tenía en su mano un librito abierto; y puso su pie derecho sobre el mar, y el izquierdo sobre la Tierra.

– Apocalipsis 10:1–2

Aparece otro ángel poderoso, que está de pie sobre el mar y la Tierra. Hay desacuerdos concernientes a Apocalipsis 10 sobre el mar y la Tierra o el terreno, que podemos establecer aquí.

El mar a menudo no es un buen lugar, ya que Dios lo conecta con los malvados:

Pero los impíos son como el mar en tempestad, que no puede estarse quieto, y sus aguas arrojan cieno y lodo.

– Isaías 57:20

Juan estaba en la isla de Patmos, que se encuentra en el mar Egeo entre la Grecia moderna y Turquía (Asia Menor). Este mar es una parte del grande mar Mediterráneo. ¿Estaba el ángel de pie sobre un mar y Tierra literales? Si es así, ¿por qué no nombrar el mar y la zona de la tierra cuando hay muchos?

El Imperio Romano rodeó todo el mar Mediterráneo, y conocido en latín como *Mare Nostrum* ("Nuestro Mar"); el Imperio controlaba el mar. El imperio también rodeó la tierra de Oriente Medio, donde existe Jerusalén. Los judíos conocían el imperio como el mar. Esto tiene sentido entonces cuando el Imperio Romano es el mar y Jerusalén es la Tierra o Israel es el terreno cuando Jesús dice:

¡Ay de ti, escribas y fariseos, hipócritas! porque recorréis mar y tierra para hacer un prosélito, y una vez hecho, le hacéis dos veces más hijo del infierno que vosotros.

– Mateo 23:15

Este ángel tiene autoridad sobre el mar y la Tierra, simbolizados por el pie derecho y el izquierdo, y el juicio caerá sobre ambos. Está sosteniendo un pequeño libro que se convertirá en el Apocalipsis.

Juan oye hablar de "tiempo ya no", o el fin de la época del templo del AT, sino también el misterio de Dios revelado, el reino de Dios revelado en los cristianos bautizados por el Espíritu, que continuará para siempre.

Y el ángel que vi en pie sobre el mar y sobre la tierra, levantó su mano al cielo, y juró por el que vive por los siglos de los siglos, que creó el cielo y las cosas que están en ella, y la tierra y las cosas que están en ella, y el mar y las cosas que están en él, que ya no debería haber tiempo: Sino que en los días de la voz del séptimo ángel, cuando él comience a tocar la trompeta, el misterio de Dios debería ser terminado, como él lo anunció a sus siervos los profetas.

– Apocalipsis 10:5–7

Y el libro de Efesios confirman este misterio de Dios:

Habiéndonos dado a conocer el misterio de su voluntad, de acuerdo con su buena placer, que se ha propuesto en sí mismo: Para que en la dispensación de la plenitud de los tiempo pueda reunir en una todas las cosas en Cristo, tanto las que están en el cielo como las que están en la tierra, incluso en él:

En quien también hemos obtenido una herencia, siendo predestinados según el propósito de aquel que obra todas las cosas según el consejo de su propia voluntad: Que seamos para alabanza de su gloria, que primero confió en Cristo.

– Efesios 1:9–12

Juan escucha de nuevo la voz del cielo que dice que tome y coma el pequeño libro. Es agridulce. Amargo, porque la época del AT está terminando, pero también dulce, ya que revela el misterio de Dios en aquellos que confían en Jesús.

Y cuando los fariseos le preguntaron cuándo vendría el reino de Dios, él les respondió y dijo: El reino de Dios no viene con la observación:

Ni dirán: ¡He aquí! o ¡he ahi! porque, he aquí que el reino de Dios está dentro de vosahiotros.

– Lucas 17:20–21

Los maestros religiosos de hoy en día están cometiendo el mismo error que los judíos, pensando que Dios iba a establecer su reino físicamente en nuestra tierra. Este nunca fue el plan. Después de bautizarnos con Su Espíritu, comenzamos a gobernar espiritualmente en su reino, y lo haremos por la eternidad.

El ángel entonces le dice a Juan que continuara profetizando a todos, el contenido de este libro.

Y me dijo: Es necesario que vuelvas a profetizar ante muchos pueblos, naciones, lenguas y reyes.

– Apocalipsis 10:11

Apocalipsis 11

Y me fue dada una caña semejante a una vara, y el ángel se puso de pie, diciendo: Levántate y mide el templo de Dios, y el altar, y a los que lo adoran.

Pero el patio que está sin el templo deja fuera, y no lo midas, porque es dado a los gentiles; y ellos el ciudad santa pisarán bajo los pies cuarenta dos meses.

– Apocalipsis 11:1–2

Medir esta templo y el altar no es para ver cuán grandes son (porque incluyen a los adoradores), Juan está midiendo su valor. Son corruptos más allá de salvación. Pero el patio externo de gentiles terminaría siendo una ganancia para los gentiles

En el templo restaurado, (los babilonios destruyeron uno el primero en 586 a.C.) secciones de él se utilizaron para sacrificios y gobierno y un patio dividido para que los gentiles adoraran a sus dioses paganos y al César. El templo no tenía valor para Dios después de permitir la adoración pagana dentro del templo.

El tiempo (v. 2) verifica durante cuánto tiempo ocurrió la primera guerra contra los judíos: cuarenta y dos meses.

Después de que el templo cayó, los invasores robaron los objetos de valor del templo profanado y pronto erigieron emblemas a Tito, y lo adoraron en el lado oriental del patio gentil.

"Y ahora los romanos, con la huida de los rebeldes hacia la ciudad, y al quemar la casa santa, y de todos los edificios a su alrededor, llevaron sus alféreces al templo y los pusieron contra su puerta oriental; y allí les ofrecieron sacrificios, y allí hicieron a Tito imperator con las mayores aclamaciones de alegría".
(Libro 6 de WOJ, Capítulo 6.1)

El emperador Adriano más tarde erigiría una estatua de Júpiter en el patio, que inició la última revuelta judía.

En el año 688 d.C., la religión islámica construyó la Cúpula de la Roca sobre el mismo patio, y este control de los gentiles sigue estando vigente hoy en día.

Los siguientes versículos de Apocalipsis han causado mucha confusión en los intentos de averiguar lo que Dios dijo. Los dos testigos de esos versículos han sido testigos de los acontecimientos durante la ley del AT y la profecía del NT, y han sido testigos de Jesús y su resurrección.

Y daré a mis dos testigos poder que profeticen por mil doscientos sesenta días, vestidos de cilicio. Estos son los dos olivos, y los dos candeleros que están en pie delante del Dios de la tierra.

Si alguno quiere dañarlos, sale fuego de la boca de ellos, y devora a sus enemigos; y si alguno quiere hacerles daño, debe morir él de la misma manera. Estos tienen poder para cerrar el cielo, a fin de que no llueva en los días de su profecía;

y tienen poder sobre las aguas para convertirlas en sangre, y para herir la tierra con toda plaga, cuantas veces quieran.

– Apocalipsis 11:3–6

El libro de Zacarías también describe estos versículos:

Hablé más, y le dije: ¿Qué significan estos dos olivos a la derecha del palmatoria y a su izquierda? Hablé aún de nuevo, y le dije: ¿Qué son estas dos ramas de olivo que a través de los dos tubos dorados vacían el aceite dorado de sí mismas? Y me respondió diciendo: ¿No sabes qué es esto? Y dije: Señor mío, no. Y él dijo: Estos son los dos ungidos que están al lado del Señor de toda la tierra.

– Zacarías 4:11–14

La mayoría de los eruditos creen que estos dos en Zacarías representaban a Zorobabel y Josué. Algunos creen que los dos testigos del Apocalipsis son Simón Pedro y el propio Juan. No probaremos ninguna de las dos posibilidades porque necesitamos recordar que Juan, junto con estos dos testigos, está en el reino de los espíritus.

Estos dos testigos están testificando por Jesús como espíritus de ley y profecía, que también operó a través de Moisés el dador de la ley (plagas sobre el Faraón) y el profeta Elías (detuvo la lluvia)..

Cuando una persona escribe su última voluntad y testamento, necesita dos testigos para verificar a la persona que llena el estamento y que establece los deseos del escritor del testamento. (el aceite dorado del Espíritu de Dios, OT y NT, habilitado en nuestra tierra).

Cuando Dios echó a Lucifer del cielo durante el diluvio, él, el diablo (Satanás), deambuló por la tierra creando reinos para conquistar a cualquiera que pudiera a través de la adoración de los dioses falsos.

Sed sobrios, y velad; porque vuestro adversario el diablo, como león rugiente, anda alrededor buscando a quien devorar.

– 1 Pedro 5:8

Los versículos 4 a 6 de este capítulo de Apocalipsis nos muestran la ley y la profecía de la historia del AT/NT, que Satanás trató de fin. Los profetas del AT debían establecer su ley y profecía. Cuando los judíos clamaron a Dios por el rescatar o la justicia, estos espíritus se enojaron contra sus enemigos.

Por ejemplo, Moisés (el legislador) vio a Dios usar plagas contra Faraón para liberar a los judíos de los egipcios, y Elías el Profeta hizo que el fuego divino iluminara sus ofrendas de agua siendo más poderosas que los profetas de Baal. Los dos testigos abarcaron muchas cosas, incluyendo ser testigos del testimonio de Jesús.

Ahora miramos hacia atrás para obtener puntos de vista *espirituales*, cuando Jesús vino a nuestra mundo y cuando el mal, a través de Satanás y sus demonios, gobernó en sus reinos en nuestro tierra.

Y le llevó el diablo a un alto monte, y le mostró en un momento todos los reinos de la tierra. Y le dijo el diablo: A ti te daré toda esta potestad, y la gloria de ellos; porque a mí me ha sido entregada, y a quien quiero la doy. Si tú postrado me adorares, todos serán tuyos.

Respondiendo Jesús, le dijo: Vete de mí, Satanás, porque escrito está: Al Señor tu Dios adorarás, y a él solo servirás.

– Lucas 4:5–8

Porque [Jesús] le dijo, Sal de este hombre, espíritu inmundo. Y le preguntó: ¿Cómo te llamas? Y respondió diciendo: Mi nombre es Legión; porque somos muchos. Y él suplicó mucho que no los echara del país. Estaba allí cerca del monte un gran hato de cerdos paciendo.

Y le rogaron todos los demonios, diciendo: Envíanos a los cerdos para que entremos en ellos.

– Marcos 5:8–12

Los dos testigos espirituales estuvieron con Jesús durante su el ministerio aquí (1260 días). Sus espíritus de ley y profecía estaban en el limbo durante la crucifixión de Jesús, y cuando entró en el sepulcro y la tierra. La ley y la profecía se esconden simbólicamente en las calles durante tres días y medio.

La perspectiva cambia en los versículos 7 a 13 al reino del diablo y a los demonios (malignos) experimentando lo que

139

pensaban que eran sus acciones al matar la ley y la profecía, con Jesús.

Cuando hayan acabado su testimonio, la bestia que sube del abismo hará guerra contra ellos, y los vencerá y los matará. Y sus cadáveres estarán en la plaza de la grande ciudad que en sentido espiritual se llama Sodoma y Egipto, donde también nuestro Señor fue crucificado. Y los de los pueblos, tribus, lenguas y naciones verán sus cadáveres por tres días y medio, y no permitirán que sean sepultados.

Y los moradores de la tierra se regocijarán sobre ellos y se alegrarán, y se enviarán regalos unos a otros; porque éstos dos profetas habían atormentado a los moradores de la tierra. Pero después de tres días y medio entró en ellos el espíritu de vida enviado por Dios, y se levantaron sobre sus pies, y cayó gran temor sobre los que los vieron. Y oyeron una gran voz del cielo, que les decía: Subid acá. Y subieron al cielo en una nube; y sus enemigos los vieron. En aquella hora hubo un gran terremoto, y la décima parte de la ciudad se derrumbó, y por el terremoto murieron en número de siete mil hombres; y los demás se aterrorizaron, y dieron gloria al Dios del cielo.

– Apocalipsis 11:7-13

Los versículos anteriores, muestran cuando los testigos estaban en nuestra Tierra. Jesús le mostró a los dos testigos que estaban con él a tres discípulos, Pedro, Santiago y Juan.

Seis días después, Jesús tomó a Pedro, a Jacobo y a Juan su hermano, y los llevó arriba a un monte alto; y se transfiguró delante de ellos, y resplandeció su rostro como el sol, y sus vestidos se hicieron blancos como la luz. Y he aquí les aparecieron Moisés y Elías, hablando con él.

– Mateo 17:1–3

(Elías el Profeta, o el espíritu de Elías, también vino por medio del profeta Juan Bautista [Mateo 11:13–14]). Los espíritus de Moisés y Elías fueron los cumplimiento de la ley y la profecía, junto a Jesús. Durante la crucifixión y sus tres días en la tumba, no había ninguna ley (Moisés) o profecía (Elías), y el diablo con sus demonios celebraron, pensando que habían matado a Jesús y a los testigos para siempre. Los testigos fueron testigos de su resurrección.

Y cuando hubo dicho estas cosas, mientras ellos miraban, fue alzado, y una nube lo recibió fuera de su vista. Y estando ellos con los ojos puestos en el cielo, entre tanto que él se iba, he aquí se pusieron junto a ellos dos varones con vestiduras blancas Los cuales también les dijeron: Varones galileos, ¿por qué estáis mirando al cielo? Este mismo Jesús, que ha sido tomado de vosotros al cielo, así vendrá como le habéis visto ir al cielo.

– Hechos 1:9–11

Además de la Pascua Judía y Convocatoria de la Fiesta del Pan, hubo un festival de primavera llamado *Purim*. Esto vino del AT cuando los judíos conquistaron su los enemigos que querían destruirlos (Ester 9:21–22). Durante esta celebración:

- Leyeron de Ester en el AT.

- Dieron regalos de dinero a por lo menos dos personas pobres.

- Enviaron dos tipos de comida a por lo menos una persona.

- Celebraron con vino.

Jerusalén se llenó de "pueblos y tribus y lenguas y naciones" de las zonas circundantes para celebrar Purim, la Pascua y la Fiesta del Pan, que ocurrieron durante la crucifixión y resurrección de Jesús. Los falsos judíos infestados de demonios celebraron su muerte durante Purim. También hubo un terremoto después de la resurrección de Jesús (Mateo 28).

Ya no hay necesidad de los dos testigos (ley y profecía), al terminar su testimonio. Los nuevos creyentes bautizados por el Espíritu Santo son ahora los testigos y toman el control de nuestra tierra. Somos reyes y sacerdotes, gobernando sobre el diablo y los demonios, revelando el reino de Dios a todos los que recibirán a Jesús y el bautismo de su espíritu.

Apocalipsis 12

Como es quizás obvio ahora, Apocalipsis salta a varios puntos en la historia. No sólo proporciona diferentes perspectivas del juicio, sino también *por qué* ocurrió. Es importante recordar que no hay paso del tiempo en el reino de los espíritus, es la eternidad. Juan está viendo lo que ya ha sucedido allí, y la tierra pronto experimentará el mismo resultado que estas visiones.

Si leemos Apocalipsis sabiendo que estos son los acontecimientos espirituales que tuvieron lugar con antelación, entonces tenemos una visión majestuosa del peor mal y engaño imaginable, lo que Dios derrotó por nosotros en su reino.

Para la mayoría de los judíos, el simbolismo y las señales no eran nada nuevo. Durante su infancia, los rabinos habían enseñado las Escrituras del AT, que los niños memorizaban, e incluían en el aprendizaje de los signos y maravillas espirituales. Ahora podemos ver una visión diferente, en el cielo de Dios o en el reino espiritual.

Apareció en el cielo una gran señal: una mujer vestida del sol, con la luna debajo de sus pies, y sobre su cabeza una corona de doce estrellas. Y ella estaba con niño lloró, travailing en el nacimiento, y dolió para ser entregado.

– Apocalipsis 12:1– 2

143

La mujer mencionada anteriormente contrasta con el dragón rojo en el siguiente verso. Esto nos lleva de vuelta al comienzo de los acontecimientos del Génesis, que se transfirieron a nuestra mundo. Con un estudio más profundo, podríamos aprender lo que el Génesis nos está diciendo espiritualmente.

Sin embargo, esta visión de una mujer con doce estrellas causó muchos argumentos. Algunos piensan que es María o la constelación Virgo o incluso la diosa Reina del Cielo. Algunos afirman que la constelación Virgo estaba en su lugar con la luna bajo sus pies cuando Jesús nació.

Esta mujer y dragón rojo puede no parecer realista en nuestro mundo, pero está en el universo de Dios.

Lo que este capítulo muestra es cómo y por qué la semilla de Jesús vino a nuestra mundo. Comenzando con Eva como la madre de todos los vivos, su semilla, continuando con Seth (como semilla de Jesús), tenía doce descendientes (pre-inundación como estrellas). Después del diluvio, la mujer representa a las doce estrellas, o tribus de Israel, luego entregando a Jesús e iniciando la verdadera iglesia a través de doce discípulos.

También apareció otra señal en cielo: he aquí un gran dragón escarlata, que tenía siete cabezas y diez cuernos, y en sus cabezas siete coronas; y su cola arrastraba la tercera parte de las estrellas del cielo, y las arrojó sobre la tierra. Y el dragón se paró frente a la mujer que estaba para dar a luz, a fin de devorar a su hijo tan pronto como naciese.

– Apocalipsis 12:3–4

El dragón *rojo* (Lucifer) causó la muerte de Abel (derrame de su sangre) a través de Caín. Abel había proporcionado un sacrificio aceptable a Dios, y luego Caín lo hizo por Lucifer. No hubo un pacto igual para esto hasta que el Cordero de Dios derramó su sangre para compensar el mal. Lucifer engañó a tantos como le fue posible para alejarlos de Dios.

Antes del diluvio, los descendientes directos del mal (diez cuernos, incluyendo Caín) eran Enoc, Irad, Mehujael, Methushael, Lamech, Jabal, Jubal, Tubal-cain y Naamah.

Los doce descendientes directos de Jesús (como estrellas, incluyendo Seth) fueron Enós, Cainan, Mahalaleel, Jared, Enoc, Matusalén, Lamech, Noé, Shem, Ham y Jafet. Todos ellos estaban antes del diluvio, con Noé, Shem, Ham y Jafet y sus esposas pasando por nuestro mundo. Los ángeles y seguidores caídos de Lucifer (un tercio) también estaban en la inundación de nuestro mundo. Lucifer trató de bloquear el sacrificio del Cordero de Dios, y engañar a tantos como fuera posible para que Dios lo arrojara a nuestra tierra como el Satán caído.

El dragón rojo, ahora Satanás en nuestro mundo, tuvo que empezar de nuevo con Nimrod, construyendo siete ciudades/templos (cabezas) para comenzar y difundir sus engaños desde Babilonia. Estos eran Erech, Accad y Calneh en Shinar, y a través de Asshur en Asiria las ciudades de Nínive, Rehobot, Calah y Resen. (Génesis 10:10–11)

Los propósitos de Lucifer (Satanás) eran primero destruir a aquellos en el reino espiritual, engañando a tantos como sea posible, luego como Satanás en nuestra tierra, para destruir o alejar a la gente de la verdad de Dios.

Los siguientes versos del Antiguo Testamento explican con más detalle lo que es la visión de la mujer, al pasar por el reino de los espíritus a nuestro mundo para dar a luz a las doce tribus de Israel.

Y Dios le dijo: Yo soy el Dios Todopoderoso; ser fructifica y multiplícate; una nación y conjunto de naciones procederán de ti, y reyes saldrán de tus lomos. (Génesis 35:11)

Ahora bien, los hijos de Israel fueron doce: Los hijos de Lea: Rubén el primogénito de Jacob; Simeón, Leví, Judá, Isacar y Zabulón. Los hijos de Raquel: José y Benjamín. Los hijos de Bilha, sierva de Raquel: Dan y Neftalí. Y los hijos de Zilpa, sierva de Lea: Gad y Aser. Estos fueron los hijos de Jacob, que le nacieron en Padan-aram.

- Génesis 35: 22-26.

[José] soñó aun otro sueño, y lo contó a sus hermanos, diciendo: He aquí que he soñado otro sueño, y he aquí que el sol y la luna y once estrellas se inclinaban a mí. (Añadido José, ya que es la duodécima estrella)

– Génesis 37: 9

Porque el Señor te ha llamado como mujer abandonada y afligida en espíritu, y esposa de la juventud, cuando te rechazaron, dice tu Dios.

– Isaías 54:6

He visto el travail, que Dios ha dado a los hijos de los hombres para ser ejercitados en ella.

– Eclesiastés 3:10

Jesús asciende al cielo y la iglesia se dispersa en el desierto (sola) con sólo el Espíritu Santo para alimentarla y consolarla.

Al ver el regreso de Jesús al cielo, Satanás y sus ángeles caídos intentan seguirlo. Pero Miguel y sus ángeles los bloquearon y los arrojaron a la tierra (abismo) (vv. 7–9).

Juan ve a Satanás lanzar una inundación desde su boca (vv. 15–16). En el AT, un diluvio simboliza a los enemigos de Israel (Isaías 59:19; Jeremías 46:7).

La Tierra (judíos luchando contra Roma y otros) podría oponerse a sus enemigos durante un tiempo, tal vez dando tiempo para que los 144.000 simbolizados escaparan. Algunos investigadores creen que algunos escucharon a Jesús en su advertencia anterior (Mateo 24:16–21) y muchos huyeron a Pella cuando el río Jordán se secó durante una sequía (v. 16).

El lugar designado es Israel, o Jerusalén, donde las sentencias por un tiempo, tiempos y medio tiempo ocurrieron en el año 66 d.C., 70 d.C. y 132 d.C. Desde el último versículo (17), sabemos que el dragón hace la guerra (gran tribulación) con la verdadera iglesia (mujer espiritual o novia) y continúa durante al menos los próximos dos mil años.

Apocalipsis 13

Ya sabemos que una bestia con siete cabezas, siete coronas y diez cuernos era Lucifer en el cielo y, ahora, Satanás en la tierra. Su plan es engañar a la gente y destruir a tantos como sea posible. Lo hace a través de sus ejércitos que atacan al pueblo de Dios.

Me paré sobre la arena del mar, y vi subir del mar una bestia que tenía siete cabezas y diez cuernos; y en sus cuernos diez coronas; y sobre sus cabezas, un nombre blasfemo.

– Apocalipsis 13:1

Juan ve a esta bestia levantarse del mar (Imperio Romano). Pronto habrá otra bestia que se levantará de la tierra (Jerusalén y el templo). Como vimos en Apocalipsis 10, el mar era el área controlada por el Imperio Romano.

El mar involucraba a las provincias del Imperio Romano, que Juan ve confirmada con la simbolización de los países conquistados en el siguiente verso:

Y la bestia que vi era semejante a un leopardo, y sus pies como de oso, y su boca como boca de león. Y el dragón le dio su poder y su trono, y grande autoridad.

– Apocalipsis 13:2

Este versículo habría hecho que la atención del oyente volviera al libro de Daniel 7:3–10, donde el profeta experimentó una visión similar de la eventos en el futuro, las guerras que llevan a la bestia, Roma. Daniel entonces detalló estas guerras, con los conquistadores.

Las tres criaturas estaban en orden opuesto para Daniel mirando hacia adelante, ya que los reinos fueron conquistados en sucesión. Los veía como Babilonia (león), conquistada por los medo-persas (oso), conquistada por Grecia (leopardo), que entonces conquistó el Imperio Romano.

Daniel entonces recibió una profecía con más detalle, lo que les sucedería a los judíos de su tiempo, lo que condujo a la destrucción del templo en el año 70 d.C.

Juan, que ahora está en medio del reino de los espíritus, está mirando hacia atrás en la historia, viendo a los países conquistados en orden inverso.

Y la bestia que vi era semejante a un leopardo, y sus pies como de oso, y su boca como boca de león. Y el dragón le dio su poder y su trono, y grande autoridad.

– Apocalipsis 13:2

A pesar de que el mundo de hoy, a través de doctrinas falsas, esté buscando a esta supuesta conquista y a la bestia del anticristo en su vidas, obviamente representaba a Roma (el imperio).

Juan menciona al *anticristo* cuatro veces en el NT, y cada vez que lo hizo el anticristo ya existía en su tiempo, hay más de uno, es un espíritu, y muchos engañadores que afirman que Jesucristo (el Mesías) no había venido (1 Juan 2:18, 22; 4:3; y 2 Juan 1:7).

En el siguiente versículo de Apocalipsis 13, Juan ve una "cabeza" que parece sufrir una herida mortal.

Vi una de sus cabezas como herida de muerte, pero su herida mortal fue sanada; y se maravilló toda la tierra en pos de la bestia.

– Apocalipsis 13:3

Parecía una herida mortal no podría sanar, pero parece que lo hizo. La mayoría de los preteristas que creen que el Apocalipsis se refiere al juicio también afirman que esta "cabeza" es el emperador romano Nerón. La cabeza se refiere a Nerón, pero no directamente. Hay dos posibilidades fuertes, que pueden combinarse para ser una.

A veces, cuando leemos un libro, recibimos pistas, pero necesitamos leer más para averiguar lo que significan las pistas. Esto es cierto en el Apocalipsis, ya que la cabeza aquí parece definir una montaña pero, más tarde, también las colinas de Jerusalén.

Esto, para la mente que tenga sabiduría: Las siete cabezas son siete montes, sobre los cuales se sienta la mujer.

– Apocalipsis 17:9

Roma es famosa por tener siete montañas o colinas. Si "siete cabezas" es igual a siete montañas, entonces una cabeza es igual a una montaña o colina. En el año 64, la mayor parte de Roma se incendió, incluido el Foro, donde tuvieron lugar las actividades gubernamentales. Muchos culparon a Nerón, y él culpó a los cristianos.

El fuego destruyó al menos una colina o montaña, Palatino. Aquí es donde estaba el palacio de Nerón, junto con las casas del Senado y donde vivían los ricos.

Después del incendio, le pareció a un forastero que Roma estaba muerta, y el gobierno romano se movió en contra de Nerón. Sin embargo, la "herida" sanó, gracias a que Nerón vació el la tesorería para reconstruir la ciudad y su palacio, y Roma regresó con venganza (más tarde bajo Vespasiano y Tito). Nerón reconstruyó su palacio y luego colocó su estatua, en el centro de Roma.

La otra posibilidad es que los romanos culparan a Nerón, ya sea que estuvieran en lo cierto o equivocados, de iniciar el fuego. Después de que Nerón restauró Roma a su antigua gloria, se suicidó (quizás con una espada) en el año 68 d.C. para evitar su ejecución, poniendo fin así a la dinastía Julio-Claudian de Césares.

El caos y la guerra civil estallaron hasta que Vespasiano ganó poder. La dinastía se sanó cuando comenzó la dinastía Flavia, que pronto restauró el orden (Apocalipsis 13:4–10). La destrucción de Israel continuó bajo Vespasiano y su hijo, Tito.

Como dijimos antes, cuando Jesús estaba en nuestra mundo, dijo poco de Roma y su tiranía sobre los judíos. Los líderes del templo enviaron a Jesús a su crucifixión, afirmando que César era su rey.

Pero ellos gritaron: ¡Lejos con él, lejos con él, crucifícale! Pilato les dijo: ¿A vuestro Rey he de crucificar? Respondieron los principales sacerdotes: No tenemos más rey que César.

– Juan 19:15

Los líderes del templo estaban forzando a sus seguidores a adorar al dragón-Satan, a través de Roma. Los judíos fueron testigos del extremo cercano de Roma, pero luego vieron que regresaba para destruirlos. "¿Quién es como la bestia? ¿Quién es capaz de hacer la guerra con él?" (Apocalipsis 13:4).

Juan acaba de hablarnos de la bestia del mar; ahora veremos a la bestia de la tierra que se levanta en la tierra de los judíos.

Después vi otra bestia que subía de la Tierra; y tenía dos cuernos semejantes a los de un cordero, pero hablaba como dragón.

Y ejerce toda la autoridad de la primera bestia en presencia de él, y hace que la tierra y los moradores de ella adoren a la primera bestia, cuya herida mortal fue sanada. También hace grandes señales, que aun hace descender fuego del cielo a la tierra delante de los hombres.

Y engaña a los moradores de la tierra con las milagros que tiene el poder de hacer en presencia de la bestia, mandando a los moradores de la tierra que le hagan imagen a la bestia que tiene la herida de espada, y vivió. Y tenía el poder de dar vida a imagen de la bestia, para que la imagen hablase e hiciese matar a todo el que no la adorase.

Y hacía que a todos, pequeños y grandes, ricos y pobres, libres y esclavos, para recibir una marca en la mano derecha, o en la frente; y que ninguno pudiese comprar ni vender, sino el que tuviese la marca o el nombre de la bestia, o el número de su nombre.

Aquí hay sabiduría. El que tiene entendimiento, cuente el número de la bestia, pues es número de hombre. Y su número es seiscientos sesenta y seis.

– Apocalipsis 13:11–18

El número *666* ha captado la atención y la imaginación de muchos escritores de libros muy vendidos. El mundo de hoy asigna este número a líderes políticos, organizaciones o religiones. Afirman que este es el número de la bestia del anticristo, todos los cuales provienen de las falsas doctrinas del fin de nuestros tiempos.

Juan dice que esta bestia:

- sale de la "tierra", ya sea Jerusalén o sus alrededores,

- tiene dos cuernos como un cordero,

- habla como un dragón (engaña),

- recibe su poder de César (la primera bestia) y obliga a todos a adorar a César,

- trae fuego (juicio) desde el cielo,

- la gente no puede comprar sin la identidad o imagen de la bestia.

Muchos eruditos del juicio del Apocalipsis piensan que el número 666 es Nerón, pero este hombre/bestia es diferente. Esta bestia vino de la tierra, (Jerusalén, o templo) y (milagrosamente) causó la adoración de Nerón, Vespasiano o Roma, inclusivo de la primera bestia.

Hay unas pocas posibilidades para esta bestia de la tierra, pero nominaremos a Herodes Agripa II. Era judío y al principio apareció como un "cordero" para los judíos al embellecer Jerusalén y el templo. Fue asignado (se le dio todo el poder) por Nerón para gobernar el templo y Jerusalén. (Un cuerno simboliza a un rey y como era el segundo rey Agripa, tiene dos cuernos).

Agripa era una imagen de Nerón, como Rey de los Jerusalén. Habló y actuó en nombre de Nerón y como rey sobre los judíos, dirigió las actividades del templo, eligió al sumo sacerdote y construyó o reconstruyó partes de la ciudad. Estaba a favor de Nerón e hizo que los judíos adoraran a los ídolos y a César.

Además, acuñó monedas con su propia cara y la cara o imagen de Nerón en él (llegó a la vida y la imagen del emperador). Los romanos a veces permitían a los judíos acuñar sus propias monedas en sus ciudades, pero cuando los viajeros llegaban a Jerusalén, sólo podían usar las monedas acuñadas en Jerusalén. Las casas de cambio en el templo intercambiaron monedas extranjeras por las monedas de Jerusalén, con la imagen de Agripa o Nerón en ellas.

Con Agripa's como el único dinero en Jerusalén, nadie podía comprar o vender sin usar una de sus monedas, que las imágenes en ellos representaban a las bestias.

Parte del templo actuó como un centro gubernamental, donde los escribas documentaron transacciones (algunas eran deudas) para los judíos y para Roma. Los escribas entonces rodaron estos documentos oficiales como un pergamino, sellados con cera, y luego impresos con un anillo de sello del rey, ahora Agripa II.

Escribid, pues, vosotros a los judíos como bien os pareciere, en nombre del rey, y selladlo con el anillo del rey; porque un edicto que se escribe en nombre del rey, y se sella con el anillo del rey, no puede ser revocado.

– Ester 8:8

Los judíos no podían hacer negocios sin el sello del anillo de Agripa. Cualquiera que sea el caso, los judíos sabían que al obedecer y usar las monedas de Agripa/Nerón, o adorar al religión del templo dirigido por Agripa, en efecto reconocían a la(s) bestia(s) como rey o dios.

Para funcionar con la paz y la seguridad en el Imperio Romano, la gente tenía que tener la mentalidad correcta. Agripa era el rey designado sobre los judíos, y se aseguró de que supieran quiénes eran sus dioses, y de que los adoraran a ellos. (Conocimiento o frente y mano marcada con la acción).

Pero muchos cristianos se negaron a honrar a Agripa, Roma, Nerón o cualquiera de sus ídolos como reyes o dioses,

155

así que Nerón los enviaría a su circo y los torturaba hasta la muerte.

En el año 64 d.c., Nerón había nombrado a Gessius Florus procurador de Judea, y más tarde, Florus con tropas romanas irrumpió en Jerusalén, robando el tesoro del templo para supuestos impuestos romanos. Agripa trató de apaciguar a los judíos, pero causó un "fuego" abajo sobre el sumo sacerdote, Agripa, y su hermana Bernice, cuando los judíos se alborotaron. El grupo Zealot Sicarii alentó los disturbios cuando dominaron a los soldados del rey Agripa, y liberó a los judíos de sus deudas, comenzando el levantamiento hacia la primera revuelta.

"Y cuando se habían unido a muchos de los Sicarii, que se agolpaban entre los más débiles, [ese era el nombre de los ladrones que tenían bajo sus senos espadas llamadas Sicae,] se volvieron más audaces y llevaron su compromiso más allá; en tal medida que los soldados del rey fueron dominados por su multitud y audacia; y así cedieron el paso, y fueron expulsados de la ciudad superior por la fuerza. Los otros entonces prenden fuego a la casa de Ananias el sumo sacerdote, y a los palacios de Agripa y Bernice; después de lo cual llevaron el fuego al lugar donde los archivos fueron depositados, e se apuraron para quemar los contratos pertenecientes a sus acreedores, y así disolver sus obligaciones de pago de sus deudas; y esto se hizo con el fin de ganarse a la multitud de aquellos que habían sido deudores, y para que pudieran persuadir a los más pobres para que se unieran a su insurrección con seguridad contra los más ricos; por lo que los guardianes de los registros huyeron, y el resto les prendió fuego. (Libro 2 de WOJ, Capítulo 17.6)

Después de que los Sicarii destruyeron los documentos del templo con todas las obligaciones de deuda, esto a su vez alentó la revuelta judía con sus enemigos.

Los judíos fueron al principio exitosos al en expulsar a los romanos de Jerusalén. Agripa II huyó de Jerusalén y más tarde se unió al ejército del general romano Tito atacando las ciudades y pueblos de Judea y su propio pueblo.

Si el número 666 calcula como Agripa II o para Nerón no es importante para nosotros, pero habría sido para los oyentes de Apocalipsis en la época de Juan.

Apocalipsis 14

Los primeros cinco versículos vuelven a hablar de los 144.000 de Apocalipsis 7. Fueron los primeros (frutos) en recibir el sello del Espíritu Santo de Dios, luego los gentiles.

En quien también confiasteis, después de haber oído la palabra de verdad, el evangelio de vuestra salvación; en quien también después de haber creído, fuisteis sellados con ese santo Espíritu de la promesa.

– Efesios 1:13

Además, los primeros siete versículos de Apocalipsis 14 se relacionan con Hechos 2, cuando muchas naciones comenzaron a escuchar a los apóstoles enseñar y el evangelio de Jesús convirtió diariamente a miles de oyentes.

Había un nuevo sistema de creencias en la ciudad, uno que no requería adoración pagana o del templo (a veces con prostitutas del templo (Jezabel), y esta nueva creencia revelaría al Espíritu Santo en sus vidas. Los versículos 6 y 8 contrastan dos mensajes de ángel. En el versículo 6:

Y Vi volar por en medio del cielo a otro ángel, que tenía el evangelio eterno para predicarlo a los moradores de la Tierra, a toda nación, tribu, lengua y pueblo.

– Apocalipsis 14:6

Y el ángel en el versículo 8:

Y siguió otro ángel, diciendo: Ha caído, ha caído Babilonia, esa gran ciudad, porque ha hecho beber todas las naciones del vino de la ira de su fornicación.

– Apocalipsis 14:8

Los dioses, diosas, ídolos y rituales, que comenzó en Babilonia, tenía a las naciones en la "ira de su fornicación". Los líderes del templo judío trajeron este simbolismo (Misterio Babilonia) y permitieron la adoración o sacrificios a los ídolos o emperadores de Roma.

A pesar de la obra de los apóstoles y de las advertencias de los profetas a lo largo de los siglos anteriores, el pueblo judío todavía no creía que Dios destruiría su templo y su ciudad por su infidelidad. Al seguir el templo y el sistema romano de adoración inspirados en Babilonia, había una paz, prosperidad y seguridad relativas. Sin embargo, sin el Espíritu Santo, el juicio del juez en Apocalipsis los condenó.

Y el tercer ángel los siguió, diciendo a gran voz: Si alguno adora a la bestia y a su imagen, y recibe la marca en su frente o en su mano, Él también beberá del vino de la ira de Dios, que ha sido vaciado puro en el cáliz de su ira; y será atormentado con fuego y azufre delante de los santos ángeles y del Cordero; Y el humo de su tormento sube por los siglos de los siglos.

Y no tienen reposo de día ni de noche los que adoran a la bestia y a su imagen, ni nadie que reciba la marca de su nombre.

– Apocalipsis 14:9–11

Aquellos que por su propia voluntad e intencionalmente adoraban a los reyes o emperadores o a sus ídolos sufrirán fuego (juicio) y azufre (tormento) sin fin.

Oí una voz que desde el cielo me decía: Escribe: Bienaventurados los muertos que mueran en el Señor de ahora en adelante. Sí, dice el Espíritu, para que puedan descansar de sus trabajos; y sus trabajos los siguen.

– Apocalipsis 14:13

Como mostraremos más adelante, cuando recibamos al Espíritu Santo, nosotros (nuestro espíritu) estaremos juntos con Dios en su reino. Aquellos que murieron antes del NT permanecieron en el sepulcro (el infierno, sus espíritus con o sin protección de Abraham) hasta que Jesús vino y los resucitó (Lucas 16:24, Mateo 27:52–53).

Miré, y he aquí una nube blanca; y sobre la nube uno sentado semejante al Hijo del Hombre, que tenía en la cabeza una corona de oro, y en la mano una hoz aguda.

Y del templo salió otro ángel, clamando a gran voz al que estaba sentado sobre la nube: Mete tu hoz, y siega;

porque la hora de segar ha llegado, pues la mies de la tierra está madura.

Y el que estaba sentado sobre la nube metió su hoz en la tierra, y la tierra fue cosechada. Salió otro ángel del templo que está en el cielo, teniendo también una hoz aguda.

Y salió del altar otro ángel, que tenía poder sobre el fuego, y llamó a gran voz al que tenía la hoz aguda, diciendo: Mete tu hoz afilada y recoge los racimos de la vid de la tierra, porque sus uvas están completamente maduras.

Y el ángel arrojó su hoz en la Tierra, y vendimió la viña de la Tierra, y echó las uvas en el gran lagar de la ira de Dios. Y fue pisado el lagar fuera de la ciudad, y del lagar salió sangre hasta los frenos de los caballos, por mil seiscientos estadios.

– Apocalipsis 14:14–20

Esta es otra perspectiva de la destrucción de Jerusalén. Dios simbolizaba a Israel como su viña y campo, y una pared del templo decorada con uvas.

Para la viña el Señor de los ejércitos es la casa de Israel, y los hombres de Judá planta deliciosa suya, buscó el juicio, y buscó el juicio, pero he aquí la opresión; la justicia, pero aquí un grito

– Isaías 5:7

"Pero esa puerta que estaba en este extremo de la primera parte de la casa estaba, como ya hemos observado, cubierta de oro, al igual que toda su pared alrededor de ella; también tenía vides doradas por encima de ella, de las que los racimos de uvas colgaban tan alto como la altura de un hombre. (Libro 5 de WOJ, Capítulo 5.4)

Mil seiscientos estadios es el equivalente a unas 200 millas o 50 millas cuadradas (espacio), que era alrededor del área de Jerusalén. El derrame total de sangre de las luchas internas y de los militares Romanos se esparció tan alto como las bridas del caballo.

Apocalipsis 15

Apocalipsis 15 comienza mostrando siete ángeles con siete plagas, que es la plenitud de su ira (v. 1). Luego muestra al primer redimido que cantó la canción de Moisés (AT) y ahora la canción del Cordero (NT) (vv. 2–4). Estos son los judíos que escucharon a los apóstoles y a los demás, y son bautizados en Su Espíritu. Este capítulo contrasta con el siguiente capítulo.

La ira de Dios primero limpia el reino espiritual, y luego en el capítulo siguiente su ira se derrama sobre los judíos desafiantes que se negaron a arrepentirse.

Apocalipsis 16

Una vez más somos testigos de la destrucción de los falsos judíos cuando se vierten encima de ellos frascos de ira. Esta es otra perspectiva de lo que vimos antes, pero esta es la realización total de su ira.

Los judíos se enojaron por el "mal" trato que se les dio después de adorar a la bestia de Roma y permitir rituales babilónicos en su templo. Los judíos tanto en la tierra o en el terreno (Jerusalén) como en el mar (provincias romanas) sufren su destrucción por los rebeldes o masacrados en el imperio por los ejércitos Romanos (vv. 1–3).

"Habría sido apropiado que nosotros hubiéramos conjeturado con el propósito de Dios mucho antes, y al principio, cuando estábamos tan deseosos de defender nuestra libertad, y cuando recibimos tanto maltrato el uno del otro, y peor trato de nuestros enemigos , y haber sido sensibles a que el mismo Dios, que de antaño había tomado a la nación judía a su favor, ahora los había condenado a la destrucción; porque si hubiera continuado siendo favorable, o estado, pero en menor grado disgustado con nosotros, no habría pasado por alto la destrucción de tantos hombres, o habría liberado su ciudad más santa de ser quemada y demolida por nuestros enemigos." (Libro 7 de WOJ, Capítulo 8.6)

El imperio, los ríos y las fuentes llenas de cadáveres (vv. 4–7).

"Ahora bien, esta destrucción que cayó sobre los judíos, no era inferior a ninguna de las demás en sí misma, también parecía aún más grande de lo que realmente era; y esto, porque no sólo todo el país por el que huyeron estaba lleno de matanza, y Jordania no podía ser pasada, debido a los cadáveres que había en ella, porque el lago Asphaltites [Mar Muerto] también estaba lleno de cadáveres, que fueron arrastrados por el río. (Libro 4 de WOJ, Capítulo 7.6)

Dentro de las aldeas en llamas y Jerusalén, los cadáveres se apilaban desde las catapultas lanzando piedras ardientes y aquellos a quienes los rebeldes o reyes masacraron o murieron de hambre destruyendo sus tiendas de comida. A pesar de todas las plagas de toda la ciudad, los llagas de plagas de destrucción y Jerusalén en llamas, los judíos se negaron a arrepentirse y trataron de escapar por todo el imperio a su desaparición (vv. 8–11).

Durante el resto de Apocalipsis 16, anteriormente, Ciro había desviado el río Eufrates para "secarlo" para que sus ejércitos pudieran marchar y conquistar Babilonia. Cuando Ciro permitió que los judíos regresaran a Judea, los "reyes" del templo más tarde trajeron de vuelta su adoración babilónica al templo reconstruido, causando su destrucción.

Sin embargo, muchos judíos se quedaron en Babilonia y florecieron, y muy probablemente tenían sus propios reyes. Es probable que estos judíos orientales (reyes del este– v. 12), entre otros fueran engañados (vv. 14-16) y se través el Eufrates para luchar contra sus enemigos en Armagedón.

Las ranas eran detestables, impuras, como la peste enviada al Faraón en el AT, y representan gran parte de la falsa profecía que proviene de las bocas del dragón, los rebeldes y el Zealot Juan. Dios nos da una visión maravillosa, mientras que podíamos ver físicamente a los falsos profetas, y detrás de ellos hay espíritus de la bestia (anticristo) y el dragón, el diablo.

La ciudad (Jerusalén) se dividió en tercios con los ejércitos de galileos, edomitas y Zealots. Más tarde se unirían un poco contra la embestida de los romanos, pero sería demasiado tarde.

Armagedón es donde los israelitas lucharon muchas batallas con sus enemigos. Algunas religiones enseñan que el Armagedón es un evento en el futuro, pero a lo largo de la historia del AT, innumerables judíos y sus enemigos murieron ahí.

Muchos países se unieron para matar a los judíos que escapaban, y a los judíos del este en Armagedón, y representa las batallas con la tierra y el mar.

La Babilonia restaurada (Jerusalén) ocurrió porque la copa de oro de sus religiones y la adoración ritual dominaba al templo de Jerusalén. Como aprendimos, estas creencias místicas invadieron al mundo entero y todavía están vivas y engañando al mundo de hoy.

Apocalipsis 17

Israel y los judíos tenían tantas promesas. Dios les prometió una vida próspera de paz y abundancia, sin embargo, adoraban a los ídolos e imágenes de gravadas, que sólo traían perdición (destrucción) sobre ellos y su templo. La mujer, "la gran ramera", en este capítulo es el templo restaurado o los líderes del templo (reyes de la tierra) ahora dispuestos en la adoración de Babilonia. Estos gobernantes tuvieron una mano en el brutal asesinato de los testigos (mártires) para Jesús.

Y la mujer estaba vestida de púrpura y escarlata, y adornada de oro, de piedras preciosas y de perlas, y tenía en la mano un cáliz de oro lleno de abominaciones y de la inmundicia de su fornicación;

– Apocalipsis 17:4

Dentro del templo, había un velo o cortina, y en lugar de los símbolos originales del templo para Dios y su reino, ahora lo intercambiaron y lo llenaron con ídolos babilónicos; Josefo señala los significados místicos de estos símbolos:

"Era una cortina babilónica, bordada con azul, y lino fino, y escarlata, y púrpura, y de una textura que era verdaderamente maravillosa. Tampoco era esta mezcla de colores sin su **interpretación mística**, pero era una especie de imagen del universo; porque la escarlata parecía significar enigmáticamente el fuego, por el fino lino de la tierra, el azul el aire, y el púrpura el mar; dos de ellos teniendo colores de base con estos parecidos, y pero el lino fino y el púrpura tienen su propio origen para ese fundamento, la tierra que produce uno, y el mar el otro. También había bordado sobre esta cortina todo lo que era **místico** en los cielos, excepto los [doce] signos, que representaban a criaturas vivientes... Ahora las siete lámparas representaban a los siete planetas; tantos que estaban saliendo de la palmatoria. Ahora bien, los doce panes que estaban sobre la mesa significaban el círculo del zodíaco y el año; pero el altar del incienso, por sus trece tipos de especias de olor dulce con las que el mar lo reabastecía, significaba que Dios es el poseedor de todas las cosas que están tanto en las partes inhabitables como habitables de la tierra, y que todas están destinadas a que sean usadas por él." (Libro 5 de WOJ, Capítulo 5.5 (énfasis añadido)

Estos colores del sistema de creencias babilónicas entraron en la Iglesia Católica Romana, y partes de ellos han pasado a las religiones organizadas de hoy en día.

En la sabiduría de Dios, el templo se convirtió en Babilonia, y los reyes apoyaron a Babilonia, incluida Roma, quien llevó su adoración al templo.

Muchos interpretan el siguiente versículo como Roma o la Iglesia Católica en las siete montañas.

Esto, para la mente que tenga sabiduría: Las siete cabezas son siete montes, sobre los cuales se sienta la mujer.

– Apocalipsis 17:9

Sin embargo, Jerusalén tiene siete montañas o colinas también, ya que Jerusalén misma se asienta en una de ellas. Estos son el Monte Scopus, Olivet, el Monte de la Corrupción, Ophel, el Monte Sión original, el Nuevo Monte Sión y la Colina de la Fortaleza Antonia.

Los siguientes versículos nos recuerdan a los "reyes" herodianos.

Y son siete reyes. Cinco de ellos han caído; uno es, y el otro aún no ha venido; y cuando venga, es necesario que dure breve tiempo. La bestia que era, y no es, es también el octavo; y es de entre los siete, y va a la perdición.

– Apocalipsis 17:10–11

El primer rey de la dinastía Herodia fue Herodes el Grande, seguido por Antipas, Felipe I, Felipe II, Agripa I y Agripa II. El verso dice que hay siete reyes, pero sólo vemos seis. Sin embargo, cinco han caído, y esto sería Herodes el Grande a través de Agripa I.

El que aún no vendría sería Gessius Florus, a quien Nerón nombró "rey de Judea". Florus no duró mucho (un espacio corto) como procurador y, por lo tanto, es el séptimo.

Los Zealots forzaron a Agripa II (uno es y quién fue) con su hermana fuera de Jerusalén. Luego se convirtió en un líder (el octavo) en el ejército de Roma para destruir (perdición) a los judíos. Por lo tanto, Agripa II es 'la bestia que fue, y no es, incluso él es el octavo, y es de los siete, y entra en perdición".

Y los diez cuernos que has visto, son diez reyes, que aún no han recibido reino; pero por una hora recibirán autoridad como reyes juntamente con la bestia.

– Apocalipsis 17:12

Los diez cuernos son probablemente diez legiones militares, o generales de Roma porque,

Estos tienen uno mente, y entregarán su poder y su autoridad a la bestia.

Pelearán contra el Cordero, y el Cordero los vencerá, porque él es Señor de señores y Rey de reyes; y los que están con él son llamados y elegidos y fieles.

Me dijo también: Las aguas que has visto donde la ramera se sienta, son pueblos, muchedumbres, naciones y lenguas. Y los diez cuernos que viste en la bestia, éstos aborrecerán a la ramera, y la dejarán desolada y desnuda; y devorarán sus carnes, y la quemarán con fuego; Porque Dios ha puesto en sus corazones el ejecutar lo que él quiso: ponerse de acuerdo, y dar su reino a la bestia, hasta que se cumplan las palabras de Dios. Y la mujer que has visto es la gran ciudad que reina sobre los reyes de la tierra.

– Apocalipsis 17:13–18

Los romanos y otros odiaban a los judíos en Jerusalén (la mujer ramera), por ejemplo, por lo que los rebeldes estaban haciendo a la ciudad. Jerusalén era una hermosa ciudad antes de la revuelta, con paredes de mármol blanco, y el templo era enorme con puertas en capas de oro y habría sido espectacular de contemplar aún hoy.

Aunque parezca que el Cordero no venció a Roma ni a Misterio Babilonia, el Cordero había conquistado los reinos y religiones del mundo porque ahora es Rey de Reyes y Señor de los Señores.

La mujer (el templo y Jerusalén), "esa gran ciudad", se sentó sobrede de la bestia del imperio (hasta su destrucción) y los reyes judíos reinaban en su tierra.

¡Cómo se sienta la ciudad solitaria, que estaba llena de gente! ¡Cómo se ha convertido en viuda! La que era grande entre las naciones, y princesa entre las provincias, ¿cómo se ha convertido en tributaria.

– Lamentaciones 1:1

Apocalipsis 18

Este capítulo continúa con un gran lamento por la destrucción de Jerusalén, ahora la ramera de Babilonia. Los Judíos vendrían de todas las naciones a Jerusalén para las fiestas y sacrificios.

En un tiempo, Jerusalén era un almacén de riquezas, y los comerciantes vinieron a comerciar con sus mercancías. Los reyes y gobernantes se hicieron ricos, pero sirvieron a sus dioses extraños, mientras que los judíos vivían en la pobreza. Sin embargo, ahora está desolada. La novia (verdadera iglesia) y el novio (Jesús) ya no están allí.

Al igual que con las siete iglesias al comienzo del Apocalipsis, necesitamos descubrir cómo las mercancías de Babilonia nos han enriquecido con sus engaños. Sus falsas creencias, reglas y doctrinas se han colado en las religiones y sociedades del mundo. Tenemos que eliminar (salir de) toda creencia que entre en conflicto con el reino de Dios.

Luego vemos la razón principal por la que Jerusalén/Babilonia se encontró con su caída.

Y en ella se halló la sangre de los profetas y de los santos, y de todos los que han sido muertos en la tierra.

– Apocalipsis 18:24

Apocalipsis 19

En este capítulo, vemos a Juan contraste "la gran ramera".
. .

Porque sus juicios son verdaderos y justos; pues ha juzgado a la gran ramera que ha corrompido a la tierra con su fornicación, y ha vengado la sangre de sus siervos de len su mano.

– Apocalipsis 19:2

. . . con la verdadera iglesia del NT (novia o esposa).

Seamos contentos y regocijémonos, y le demos honor: porque han llegado las bodas del Cordero, y su esposa se ha preparado. Y a ella se le ha concedido que se vista de lino fino, limpio y blanca; porque el lino fino es la rectitud de los santos.

Y él me dijo: Escribe: Bienaventurados los que son llamados a la cena matrimonial del Cordero. Y él me dijo: Estos son los verdaderos dichos de Dios.

– Apocalipsis 19:7–9

Dios se ha divorciado de la gran ramera. Ahora presenta a su nueva novia, vestida de rectitud, preparándose con el bautismo de Su Espíritu. Su palabra va por todo el mundo, dividiendo el engaño de Misterio Babilonia de la verdadera palabra de Dios. Todos los espíritus de la verdadera iglesia reinan en el cielo y ahora alaban a Dios.

173

Antes de que Jesús viniera y resucitara de entre los muertos, las únicas personas que conocían al Dios no creado eran los judíos (algunos gentiles convirtieron al judaísmo). Los gentiles sólo sabían acerca de los dioses y diosas inspirados en Babilonia, de quienes Satanás difundió su conocimiento dentro de sus templos por todos los reinos como dioses adoptados y recibieron nuevos nombres de adoración.

Sin embargo, los líderes del templo judío no eran fieles a su verdadero Dios, ya que llamaban a César su rey (dios) y continuaban adorando a los ídolos babilónicos. Cuando los apóstoles trataron de enseñarles que el Salvador prometido del AT era Jesús, sufrieron torturas o la muerte.

Los Romanos rara vez enterraban a sus muertos, los cremaban en su lugar. Los países en guerra dejaron miles y miles (algunos dicen más de un millón) de guerreros y judíos muertos alrededor del campo para que las aves consumieran la carne de sus huesos.

Al final de la revuelta, los falsos profetas en Jerusalén fueron a su muerte eterna en Roma.

Tenemos que recordar que la Palabra de Dios es una espada de dos filos. Nos lleva al conocimiento y la aceptación de su reino o al juicio eterno (fuego) y al atormentador azufre sin Dios (lago de fuego).

Apocalipsis 20

Este capítulo nos presenta "mil años." A pesar de que el Apocalipsis está lleno de simbolismos, este término ha confundido a los religiosos sin fin. Algunos incluso han ignorado los mil años como simbolismo y han acuñado el término *milenio* para describir mil años verdaderos.

Sin embargo, veremos que es un simbolismo y significa *un período indefinido de totalidad.*es la verdadera iglesia edad que es actualmente gobernante de la tierra y no engañada por Misterio Babilonia.

Algunos ejemplos en los que Dios usa el simbolismo "mil(es)" del AT:

Y Moisés eligió de todo Israel hombres capaces, y los hizo jefes del pueblo, jefes de millares, jefes de centenas, jefes de cincuenta y jefes de diez.

– Éxodo 18:25

Y hago misericordia a millares, a los que me aman y guardan mis mandamientos.

– Éxodo 20:6

Porque cada bestia del bosque es mía, y el ganado en mil colinas.

– Salmos 50:10

Ha recordado su pacto para siempre, la palabra que ordenó a mil generaciones.

– Salmos 105:8

Veamos lo que significa en Apocalipsis.

Y vi a un ángel bajar del cielo, con la llave del pozo sin fondo y una gran cadena en la mano.

Y agarró al dragón, la serpiente antigua, que es el diablo y Satanás, y lo ató por mil años,

Y lo arrojó al pozo sin fondo, y lo encerró, y lo selló para que no engañara más a las naciones hasta que se cumplieran los mil años. y después eso él debe ser aflojado un poco temporada.

Y vi tronos, y se sentaron sobre ellos, y el juicio se les dio; y vi las almas de los decapitados por para del testigo de Jesús y por la palabra de Dios, los que no habían culto a la bestia ni a su imagen, y que no recibieron la marca en sus frentes ni en sus manos; y vivieron y reinaron con Cristo mil años.

Pero los otros muertos no volvieron a vivir hasta que se cumplieron mil años. Esta es la primera resurrección. Bienaventurado y santo el que tiene parte en la primera resurrección; la segunda muerte no tiene potestad sobre éstos, sino que serán sacerdotes de Dios y de Cristo, y reinarán con él mil años.

– Apocalipsis 20:1–6

176

Lo que también necesitamos entender de Apocalipsis y del NT es que una vez que obtenemos el bautismo de Su Espíritu Santo, somos verdaderos sacerdotes, nuestros espíritus juzgan y gobiernan con Jesús en su reino por la eternidad (la primera resurrección).

Aun estando nosotros muertos en pecados, nos dio vida juntamente con Cristo (por gracia sois salvos), y juntamente con él nos resucitó, y asimismo nos hizo sentar en los lugares celestiales con Cristo Jesús. Para mostrar en los siglos venideros las abundantes riquezas de su gracia en su bondad para con nosotros en Cristo Jesús.

– Efesios 2:5–7

Cuando las personas bautizadas por el Espíritu mueren, entran en su reino espiritual porque sus nombres están en su libro de vida.

Estamos seguros, digo, y estamos dispuestos más bien a estar ausentes del cuerpo y a estar presentes con el Señor.

– 2 Corintios 5:8

Aquellos que mueren sin Jesús, permanecerán muertos hasta el fin, cuando Jesús los levante de sus sepulturas.

El Armagedón es donde miles de judíos murieron en la batalla y sus huesos no fueron enterrados, y luego recuerdan a los judíos que recuperaron Israel en 1948. Ezequiel 37 profetizó estos eventos.

Sólo hay una cosa que Jesús está esperando, y son nuestras oraciones para mover a Dios a traer su juicio sobre los adoradores de la Mística Babilonia.

El dragón está suelto de nuevo, rodeando a Israel con países hostiles. Engañará a estas naciones para atacar a los judíos de Israel. Esta vez, sin embargo, Dios salvará a todos los que invoquen su nombre, y este será el juicio final.

Apocalipsis 21–22

Los dos últimos capítulos describen el reino de Dios restaurado. Algunas religiones enseñan que Jesús físicamente en nuestra tierra, y este capítulo muestra que este no es el caso. Dios destruye nuestro universo y nuestra tierra junto con la gente malvada que quede aquí. Los salvados vivirán en el nuevo cielo de Dios restaurado y en la tierra nueva.

Se observa en el primer versículo que no está más el mar, que estuvo en algún momento en su reino. Estos eran los ángeles y espíritus caídos que luchaban contra Dios en su cielo y tierra originales. Ahora tienen su hogar eterno en el mar del lago de fuego.

Pero los cielos y la tierra, que ahora, por la misma palabra, están reservados al fuego para el día del juicio y la perdición de los hombres impíos.

– 2 Pedro 3:7

Pero el día del Señor vendrá como ladrón en la noche; en el cual los cielos pasarán con grande estruendo, y los elementos se derretirán con calor ferviente, la tierra también y las obras que están en ella se quemarán.

– 2 Pedro 3:10

El cielo y la tierra pasarán, pero mis palabras no pasarán.

– Mateo 24:35

Juan ve el nuevo cielo y la nueva tierra, que están en el mundo de Dios, o su cielo/universo. Pasaremos la eternidad restaurando su mundo, (v. 5) que Lucifer trató de destruir en las tinieblas (v. 8). La nueva iglesia ahora es como la Nueva Jerusalén, y su novia.

La forma de la sala del trono restaurada es un enorme cubo, 1.500 millas de largo, 1.500 millas de ancho, y 1.500 millas de alto. Hay un muro con muchas piedras preciosas, y el muro es de unos 216 pies con doce puertas, que representan a las doce tribus de Israel, y en la fundación los nombres de los doce apóstoles.

No hay templo, porque somos el templo en la Nueva Jerusalén, y ya no hay noche allí. La oscuridad de Lucifer se ha ido. En su tierra restaurada, hay naciones restauradas, y los reyes de las naciones le traen gloria a Dios.

La vida eterna y la sanación fluyen del trono de Dios, y la verdadera iglesia reinará para siempre.

Una vez más, el ángel le dice a Juan que las cosas mostradas vendrán pronto y rápidamente.

Y me dijo: Estas palabras son fieles y verdaderas. Y el Señor, el Dios de los espíritus de los profetas, ha enviado su ángel, para mostrar a sus siervos las cosas que deben suceder pronto.

¡He aquí, vengo rápidamente! Bienaventurado el que guarda las palabras de la profecía de este libro.

– Apocalipsis 22:6–7

No hay duda de que el libro de Apocalipsis estaba dirigido a las siete iglesias identificadas en este libro. Fue una advertencia para que no aceptaran la mezcla de adoración de Babilonia inspirada por Satanás. Es la promesa de un cielo y una tierra restaurados del Génesis, capítulo 1.

Estas iglesias fueron testigos de lo que le sucedió a Jerusalén y al templo por actuar como ramera hacia Dios. Ahora somos testigos y necesitamos llevar esta advertencia a todos en nuestro mundo de la actualidad.

¿Y Ahora Qué?

Miles de religiones organizadas han traído festivales inspirados en los romanos y rituales babilónicos a sus iglesias y a nuestras familias. Es a partir de estas creencias inspiradas en los romanos que la verdadera iglesia sufrió torturas y muerte a lo largo de la historia porque se negaron a adorar a dioses e ídolos falsos (religiones).

Podemos unirnos y llevar estas cosas a la atención de nuestras iglesias. Sabemos que el Espíritu Santo guía individualmente a la verdadera iglesia bautizada hacia toda la verdad, y no es nuestra intención decirle a los demás lo que deben hacer. Sin embargo, podemos traer a otras personas a la conversación que se presenta en este libro, comenzando con la enseñanza acerca de Jesús resucitado y la recepción de Su Espíritu Santo.

Además, podemos dejar de mentirles a nuestros hijos sobre el Hada de los Dientes, el Conejo de Pascua, Santa Claus y los dinosaurios vagando sobre nuestra tierra hace millones de años. Podemos enseñarles que hay un reino real, con un verdadero Rey, y nuestros hijos son verdaderos príncipes y princesas, aprendiendo a convertirse en sacerdotes y gobernantes con Dios. Tal vez entonces, cuando los niños se conviertan en adolescentes, dejarán de rebelarse contra sus padres mentirosos y confíen en que están aprendiendo la verdad.

También podemos señalar cómo los templos religiosos, emblemas, iconos, ídolos, tallas y similares inspirados en

Babilonia nos rodean a todos para alejarnos de nuestro verdadero Dios no creado.

Era lo mismo para los judíos en el Imperio Romano, ya que los romanos los rodeaban con sus ídolos y templos inspirados en Babilonia, que alejaban a muchos de su verdadero Dios.

Una vez que descubramos cómo existe el mundo en un engaño casi total, parecerá que somos una gota en el océano o una semilla de mostaza que intenta crecer en el desierto. Pero podemos vencer, como Jesús nos instruyó que hiciéramos.

Una vez más, el mundo es engañado por Babilonia la Grande, Satanás inspira a los enemigos hostiles que rodean a Israel, y es sólo un corto tiempo antes de que actúen, trayendo el juicio final de Dios. Tenemos que movernos ahora para advertir a tantos como sea posible. Que el Espíritu Santo inspirar y revelar la verdad a todos los que leyeron este libro.

Reconocimientos

Asociados de edición de libros: Floyd Largent

Liz Smith de InkSmithEditing.com

Traducción al español proporcionada por: Gabriela Alvarado. correo electrónico: gabuualvarado@gmail.com.

El autor está retirado y continúa su investigación de 40-años la historia, especialmente la historia judía en lo que respecta a la Biblia. Si hay preguntas o comentarios sobre este libro, él puede ser contactado por correo electrónico:

TheDesertPG@protonmail.com

Si te ha gustado este libro, por favor dígale a los demás y una revisión en línea sería muy apreciada. Gracias por leer:

EL APOCALIPSIS SUCEDIÓ

Back al Desert Publishing Group.

9780578736860